发凡体例，开中国法律典故编撰之先河　　一册在手，纵览中华五千载法律典故之大成

详注典源　简述演变　深入浅出　雅俗共赏

細說中国法律典故

XISHUO zhongguofalvdiangu

姜歆 编著

九州出版社
JIUZHOUPRESS

图书在版编目（CIP）数据

细说中国法律典故／姜歆编著．—北京：九州出版社，2008.12

ISBN 978-7-80195-853-2

Ⅰ.细…　Ⅱ.姜…　Ⅲ.法律—典故—汇编—中国—古代
Ⅳ.D929.2

中国版本图书馆 CIP 数据核字（2008）第 191757 号

细说中国法律典故

作　　者　姜　歆　编著
出版发行　九州出版社
出 版 人　徐尚定
地　　址　北京市西城区阜外大街甲 35 号（100037）
发行电话　(010)68992190/2/3/5/6
网　　址　www.jiuzhoupress.com
电子信箱　jiuzhou@jiuzhoupress.com
印　　刷　北京毕诚彩印厂
开　　本　720×1020 毫米　16 开
印　　张　15
字　　数　220 千字
版　　次　2008 年 12 月第 1 版
印　　次　2008 年 12 月第 1 版　第 1 次印刷
书　　号　ISBN 978-7-80195-853-2/D·197
定　　价　29.80 元

序

Xu

李 温

中华民族有着悠久的历史，创造了灿烂的民族文化。典故正是民族传统文化的综合反映。其中的法律典故既是我国法律的历史，又是形成现代法律文化的重要基础，同时，许多法律典故及其变体在现代社会生活中又有着蓬勃的生命力。

姜歆的《细说中国法律典故》一书发凡体例，捷足先登，开国内编撰中国法律典故之先河。该书史料宏富，论证精当，见解独到，耐人回味。作者孜孜笔耕于法律史料之中，使中国法律中的典故趋于成型。

在这本书中，姜歆将传统文化中的法律典故分为术语典故、司法典故、案例典故、刑罚典故、人物典故和成语典故六个方面，这种分法是比较系统的。阅其书可见姜歆的学风是严谨的。他使用资料必求其完备翔实，叙述方法必求其周密无隙。中国古代典籍中的法律典故浩若烟海，从中抽取这些法律典故，没有铁杵磨成针的精神是做不到的。

姜歆多年从事法学的科研工作，故春有耕耘，秋多收获。这本泱泱数十万言的法律典故，多有朝花夕拾之余味，亦偶有纠缪正讹之功效。

最后，中国法律典故于中国古代法律史研究领域多有拓宽，尤其于法学研究与普及文史知识、加强理论与实践之结合能力，又提供一新的途径。

余以为，此册集中国传统文化中法律典故之精萃，又独具创见。文笔生动有趣，可读性强。一册在手，则吾国五千载法律典故之脉络一览无余。

是为序。

（李温：宁夏社会科学院法学研究员，中国民族法学研究会理事，宁夏法学会资深专家，中国青少年犯罪研究会理事，宁夏青少年犯罪研究会副会长。）

自序

Zi xu

法律典故，就是诗词和文章中引用的古代法律故事和相关词语，它们是有来历和出处的。法律典故一般分为事典和语典。事典里面包含一个故事或事件；语典比较简单，即古人精炼出的言语，其中有一些是法律谚语和法律成语等。不管是事典还是语典，运用起来都是千变万化的。

恰当地运用法律典故，可以更好地说明问题、更好地表达思想、更好地抒发感情，增强语言和文章的精练性、形象性和生动性，增强艺术效果。同时，法律典故可以增强人们的正义感与智慧。古人公正执法、刚正不阿的品格可以帮助我们正确地看待问题、处理问题，而那些灵活机智的法官又让人回味无穷。

为了使大多数人能够阅读这部法律典故，使法律知识化为常识，我尽量使本书通俗化，为此，我除了不惮其烦地摘录一些典源外，还用现代语体介绍典故的内容，但并不一定是逐字、逐句的翻译，而往往是对内容的大致撮写。这样做，除避免不必要的重复外，无非是为了普及的需要，使不能读文言者了解其原委，能读文言者也有所参照。

正因为着眼于普及性，本书的选材相对地注重趣味性。譬如，若以事而言，自以取最原始的记载为上。不过也有变通之处，若一事有几种记载，或取较为完整的一种，或取最为简明的一种，或取最为条畅的一种。总之，择善而从，决不取凡事必求其溯的原则。

尽管如此，这本法律典故并不仅仅停留在普及上，因此除了注意保持其知识性和趣味性以外，还力图使其具有一定的学术性，务期雅俗共赏。对所记典故，或考其异，或纠其偏，或匡其谬，或补其阙，或加类比，或记影响。如此等等，不一而足。其中采纳了一些前人和近人的研究成果，以及自己的读书心得。

本书分为法律术语典故、司法典故、案例典故、刑罚典故、法治人物典故和法律成语典故六大类，时间跨度自先秦至清末，各大类中的条目大抵按照时间顺序排列。本书从开始撰写至完成历经七年，尽管我付出了大量的劳动，然限于水平，错误和不当之处自属难免，敬祈广大读者有所匡正，以便今后进一步的修订。

姜　歆

2008 年 7 月 15 日

目录

第一编　法律术语典故

神兽“獬豸”……3
何为“苞苴”……3
“绳纠”与“绳之以法”……4
“覆盆”的含义……4
什么是“九畸”……4
什么是“九鼎”……5
“三宥”是哪三宥……6
何为“天牢”……6
何为“天诫”……6
“刑措”的由来……7
“死灰”的出处……7
“改瑟”的典故……8
何为“罚锾”……8
“发签”的由来……8
“平反”是怎么来的……10
“染指”的来历……11
“中饱”的由来……12
“折中”的演变……13
何为“花押”……13
古代的“休书”……14
“巫蛊术”与“巫蛊案”……15
“文字狱”的由来……16
狱吏之贵……17
什么是“三尺法”……18
“云阳”的来历……18
季冬诛……19
坦白从宽……19
铁券丹书……20
三木论囚……21
三杀三宥……21
“衙门”的来历……22
何为“尚方宝剑”……23

第二编　司法典故

“规矩”的来历……27
“刑”字的由来……28
“法”字的由来……28
“礼”字的由来……29
“律”字的由来……30
古代法律的公布……31

周朝的治国三典……32
最早的国家监狱……33
不列三后……34
战国晚期的“道法转关”现象……34
禁奸止过　莫若重刑……36
算缗令与告缗令……37
唐代的律、令、格、式……38
击鼓升堂的由来……39
秋审制度的由来……40
元代法律中的四等人……42
十恶不赦……43
清议入律……45
古代的契约……46
古代的婚龄……47
公证的来历……48
古代的告密箱……50
古代的卧底……50
古代法官的法冠……51
古代的讼师……51
死刑择时……52
恤刑慎杀……53
用刑宽简……54
南山可移　法不可改……55
历代酒禁……56
丁忧与守制……56
五复奏……58
一兔走而百人逐……59
傒官之害甚于寒……59

第三编　案例典故

以城易因……63
何武断剑……63
焚猪验尸……64
两父争儿……64
妄认死尸……65
刀鞘得贼……66
从事对尸……66
觇情释冤……67
行炭访妾……68
德裕摸金……69
探情雪冤……70
平反诬陷……70
明折投毒……72
推官贵直……73
甥舅争牛……74
铁佛开口……75
乔装寻贼……75
做贼心虚……77
疑狱牵连……77
公瑾辨伪……79
指纹断案……80
一语道破……80

太原冤狱……81
离合从轻……82
一字救人……83
真假龙图……83
割耳构陷……84
冤魂索命……85
“卫玠”雪冤……86
颠梅审树……88
理直气壮……91
缉查假子……92
误拷庖人……93
瞽者窃钱……93
新郎投河……94
太仓失盗……96
海瑞验尸……97
十载积案……98
病妇之谜……100
借刀杀人……101
两案互证……102
疯婿退婚……104
雪砒僕冤……105
劾夫奸妇……106
一字定案……107
细查真凶……107
分讯得实……109

第四编　刑罚典故

古代的赎刑……113
古代的磔刑……114
古代的流刑……115
古代的代刑……116
古代的戒具……117
宦官的处罚……119
拶指与脑箍……119
炮烙……121
弃市……121
剖心、剖腹……122
枭首……122
定杀……123
官刑……123
车裂……124
竹签……124
骑木驴……125
凌迟……126
绞……126
斩……128
廷杖……128
站笼……129

第五编　法治人物典故

周公旦定宗法制礼乐……133
宰人请罪……134
叔向论罪……135
子产立法救世……135
李悝著《法经》……136
商鞅变法驳群臣……137
魏绛行法……139
李离枉杀请死……140
腹𦾔舍子履刑法……141
李斯受刑……141
汉文帝讳母杀舅……143
汉文帝废肉刑……144
周亚夫治兵军纪如山……145
汉武帝不以亲党诬法……146
汲黯卧而治之……147
司马迁悟狱……148
李膺执宪不从君命……149
然明改俗……150
“硬脖子县令”董宣……150
苏章公私两分明……151
郭躬论故误……152
黄浮除暴……152
寒朗论狱……153
魏武帝悬杖……154
高柔持平如秤……155
隋文帝执法不恕子……156
赵绰执法不惜己死……157
元褒引咎自诬……158
唐太宗宽刑……159
太宗负姊杀赵节……160
不庇功臣……160
戴胄法贵如一……161
崔仁师恕理刑狱……162
狄仁杰遭陷……163
徐有功舍命履法职……164
马怀素秉公抗命……166
许孟容严惩神策吏……167
段秀实仗义执法……168
唐临治狱求宽大……170
李元素明冤纵囚……171
周敦颐弃官护法……172
何叔度议连坐……172
生为直臣　死为直鬼……173
海瑞执法抑强暴……174
海瑞严惩小衙内……175

第六编　法律成语典故

恶贯满盈……179
画地为牢……180
宽猛相济……181
坐地分赃……182
盗亦有道……182
既往不咎……183
大义灭亲……184
三令五申……185
上行下效……187
片言折狱……188
以身作则……189
不逞之徒……189
令行禁止……190
欲加之罪　何患无辞……191
欲盖弥彰……191
排难解纷……193
多行不义必自毙……194
操刀伤锦……195
明察秋毫……196
逾闲越检……197
蹊田夺牛……198
千金之子　不死于市……199
作法自毙……200
克己奉公……200
惩恶劝善……201
黑白颠倒……202
贪得无厌……202
明目张胆……203
罚不当罪……204
秦镜高悬……205
萧规曹随……206
草菅人命……206
罪不容诛……208
公而忘私……208
严刑峻法……209
改过自新……209
因事制宜……210
不寒而栗……211
死有余辜……212
朝令暮改……213
以身试法……213
格杀勿论……214
梁上君子……215
丁兰刻木……215
不平则鸣……216
打草惊蛇……216
罗织罪名……217
钱可通神……218
请君入瓮……219
一网打尽……220
明正典刑……221
先斩后奏……221

第一编 法律术语典故

神兽“獬豸”

獬豸

獬豸，是古代传说中的一种神兽。《说文·廌部》：“解廌，兽也，似山牛（或作“似羊”），一角，古者决讼，令触不直者。”东汉杨孚《异物志》：“北荒之中，有兽名獬豸，一角，性别曲直。见人斗，触不直者。闻人争，咋不正者。”《后汉书·舆服志》：“獬豸，神羊，能别曲直。”《晋书·舆服志》：“獬豸，神羊，能触邪佞。”这些记载，繁简稍有不同，但说法基本一致，都认为古代有一种似牛或似羊的一角兽，它具有判断是非曲直的特异功能，专门抵触为非不正的人。据《论衡·是应篇》说，獬豸是一角的羊，性知有罪，相传皋陶被虞舜任命为法官时，开始用獬豸参加审判疑案。当诉讼双方争辩得难解难分的时候，就将獬豸牵来法庭，把争执双方拉到獬豸跟前，如果獬豸对一方抵触，就说明这一方有罪，另一方无罪，作用如同《西游记》中能辨别真假猴王的异兽。由于獬豸“性知有罪”，所以很受皋陶的敬重。

何为“苞苴”

《庄子·列御寇》载：“小夫之知，不离苞苴，竿牍。”又《北齐书》卷四十七《宋游道传》：“尚书郑述祖等上言曰：‘……对捍使者尚得死坐，况游道吐不臣之言，犯慢上之罪，口称夷齐，心怀盗拓，欺公卖法，受纳苞苴，产随官厚，财与位积，虽赃污未露，而奸诈如是。’”苞苴，是古人包裹鱼肉等食物的蒲草包，后来，人们用以代称送人的礼物，如《梁书》卷三十三《王僧儒传》中说，“无苞苴可以事朋类”，即指馈赠之礼物。又引申为贿赂之物，《宋游道传》中所说之“苞苴”即指贿物。

“绳纠”与“绳之以法”

《书经·冏命》：“绳愆纠缪，格其非心，俾克沼先烈。”孔颖达疏：“木不正者，以绳正之，绳谓弹正。”

绳纠意谓纠正过失。绳是木工用的墨线，用来测定木头是否正，所以说“木不正者，以绳正之”，正，纠也。后世多以法律来衡量一个人的正邪，故有“绳之以法”之说。

“覆盆”的含义

晋代葛洪著《抱朴子·内篇·辨问》：“日月有所不照，圣人有所不知，岂可以圣人所不为，便云天下无仙？是责三光不照覆盆之内也。”日、月、星三光照不到覆盆之内，因而以此比喻无法挣脱的黑暗和无可申辩的冤屈。

什么是“九畸”

《尚书·周书·洪范》：

天乃锡禹洪范《九畸》，彝伦攸叙。初一曰五行，次二曰敬用五事，次三曰农用八政，次四曰协用五纪，次五曰建用皇极，次六曰乂用三德，次七曰明用稽疑，次八曰念用庶征，次九曰向用五福，威用六极。

以上“九畴”为传说中上天赐禹治理天下的九种大法，后世也以“九畴”喻指维系封建社会的根本大法。

什么是“九鼎”

《史记》卷十二《武帝记》：

禹收九牧之金，铸九鼎，皆尝鬺烹上帝鬼神。遭圣则兴，迁于夏商。周德衰，宋之社亡，鼎乃沦伏而不见。

2007 年西安张家堡汉墓群出土的九鼎，根据《周礼》恢复仿制。

九鼎是夏、商、周的传国之宝，后来用以象征国家政权或帝位。

“三宥”是哪三宥

《周礼·秋官·司刺》：“司刺掌三刺、三宥、三赦之法，以赞司寇听狱讼……一宥曰不识，再宥曰过失，三宥曰遗忘。”此三宥为《周礼》所载古代统治者对于犯罪者减刑的三种规定，后世常用以泛指统治者对犯罪者的宽宥。

何为“天牢”

天牢为星宿名。《晋书》卷十一《天文志上》：“天牢六星在北斗魁下，贵人之牢也。”“贯索九星在其前，贱人之牢也。一曰连索，一曰连营，一曰天牢，主法律，禁暴强也。”这反映出古人对一些特殊地名取其有关的天象，以求天地对应的思想。

何为“天诫”

古人认为，天象异常是对人间的警戒。如《汉书》卷二十七下之上《五行志》：

（文帝）五年十月，楚王都彭城，大风从东南来，毁市门，杀人。是月王戊初嗣立，后坐淫削国，与吴王谋反，刑僇谏者。吴在楚东南，天诫若曰：“勿与吴为恶，将败市朝。”王戊不寤，卒随吴亡。

以上是说：在汉文帝五年，楚地的彭城刮东南风，不但摧毁了城门，还损伤了人命。稍后王戊当上了楚王，他为政不仁，与吴王联合反汉，杀死了劝阻其反汉的人员。其实这阵大风是上天告诫楚王，不要与东南之邻的吴国为伍反汉，这样做的下场只能是失败。只是楚王不能领悟上天的告警，才落得与吴国共同灭亡的下场。这也说明古人十分相信上天的“告诫”，把天气异常的反应，都归结为上天对当政者的警戒。统治者对天诫采取的办法往往就是大赦天下。

“刑措”的由来

《汉书》卷四《文帝纪赞》：“断狱数百，几致刑措。”东汉应劭注：“措，置也。民不犯法，无所刑也。”《汉书》中的“刑措”原指有刑而不需用，后世用作歌颂盛事升平、民心向化的典故。

“死灰”的出处

“死灰”出自《史记》卷一〇八《韩长孺列传》：

> 御史大夫韩安国者，梁成安人也。事梁孝王为中大夫。……其后安国坐法抵罪，蒙狱吏田甲辱安国。安国曰：“死灰独不复然乎？”田甲曰：“然即溺之。”居无何，梁内史缺，汉使使者拜安国为梁内史，起徒中为二千石。田甲亡走。安国曰：“甲不就官，我灭而宗。”甲因肉袒谢。安国笑曰：“可溺矣！公等足与治乎？”卒善遇之。

韩安国在狱中受辱，以“死灰复然（燃）”作比喻，自谓尚有绝处逢生、再次得势的可能。后世以“死灰”作为咏获罪、系狱的典故，也用以比喻绝望失意的处境。

“改瑟”的典故

“改瑟”犹改弦更张，指调整琴瑟的弦，使之和谐，董仲舒曾用以比喻改变法度与政令。

《汉书》卷二十二《礼乐志》：

> 董仲舒对策言：辟（按，辟通譬）之琴瑟不调，甚者必解而更张之，乃可鼓也。为政而不行，甚者必变而更化之，乃可理也。

后世用为典实。

何为“罚锾”

周法，判刑有疑则赦为罚锾。锾本为重量单位，引申为罚金。罚锾即纳金赎罪。《尚书·周书·吕刑》：“五刑之疑有赦……墨辟疑赦，其罚百锾，阅实其罪。”旧题汉孔安国传：“疑则赦，从罚。六两曰锾，锾，黄铁也。阅实其罪，使与罚名相当。”

“发签”的由来

古时，案件从受理到审讯、宣判，都由县以上的衙门负责，县太爷坐在公案后发问。公案上有两样东西最醒目而又必不可少，一样是惊堂木（又称气拍），一样是签筒，里面装着很多由竹片或是木片做成的签子，因为上面画着各式各样的图形，所以又称签票。每当惊堂木一响，签票掷下，吆喝之声震荡公堂，必然使听审的人产生一种心理恐惧，还没有用刑就已把堂下之人吓得魂飞魄散了。需要拘捕人犯时，县老爷一声令下，抽出一支签票交给衙役或捕快，这时签票就相当于现在的逮捕证，衙役或捕快凭签票抓人到堂听审。

有趣的是，一个签筒正好是量一斗米的容器，一支签票也正好是一尺的长度。据传西汉时秀水县知县孙宝发明了此法并沿用到后世。当时，秀水县郊外的农民常常一早担蔬菜、粮食进城贩卖。有一天，有个卖粮的小贩挑着担子进城，恰与一个农民相撞，粮食撒了一地。农民愿意赔偿，可是小贩说有七十斤，农民说最多不过四十斤，两人争执不休，只好诉诸公堂。孙宝急中生智，叫人用小贩装粮食的担子到集市上买来同样的粮食，用秤称出重量来解决这场纠纷。从这件事，孙宝受到启发，将签筒和签票改制成具有公平性的器具。凡有关缺斤少两尺寸不足来诉讼者，便可用它们来衡量。对奸商蒙骗之徒，当场予以杖责或判以罚金。

让人意想不到的是，这两样摆在公堂上的东西，在清朝同治年间竟出现在监狱里。那时南北两监各分四个监号，各监号每日接收人犯时，若有的监号囚犯少，可从囚犯多的监号抽调一些囚犯过来，以保持各监号囚犯人数均衡。有的司狱官不按已有的制度办，出现了任意调整各监号犯人、图谋诈骗钱财的情形。同治二年（1863年）五月二十日，清刑部档案房和刑部尚书在南北两监设立掣签条规，南北两监各设一签筒，筒内签票上刻烫监号的铺舍号码，新收犯人时，令犯人从筒内抽出一支签来，司狱官照签上所注号码点收犯人入监。若有同案要犯须分开收押的，先令一犯抽签，如同案犯已有抽取同监号的，则令该犯重新抽签，以防同案犯同监串供。此制度意在严令各监司狱官遵守，以消除积弊。如再发现私自调拨在押犯人、索贿受贿等现象，立刻严加处理，决不姑息宽贷。

这两样代表公平的器物后来被广泛应用，以至后世在选定西藏活佛时亦采用金瓶抽签以示公平。

“平反”是怎么来的

典出《汉书·隽不疑传》：

久之，武帝崩，昭帝即位，而齐孝王孙刘泽交结郡国豪杰谋反，欲先杀青州刺史。不疑发觉，收捕，皆伏其辜。擢为京兆尹，赐钱百万。京师吏民敬其威信。每行县录囚徒还，其母辄问不疑：“有所平反，活几何人？”即不疑多有所平反，母喜笑，为饮食语言异于他时；或亡（无）所出，母怒，为之不食。故不疑为吏，严而不残。

西汉，有一个人叫隽不疑，对《春秋》很有研究，进退行止都很符合礼仪，因此在州郡里很有名望。汉武帝末年，他被任命为青州刺史；汉昭帝初年，又被提拔为京兆尹。

汉武帝去世、汉昭帝即位之后，齐王的孙子刘泽结交州郡里的强梁豪杰，策划叛乱，他们计划首先杀掉青州刺史隽不疑。隽不疑发现了他们的阴谋，把他们都收捕起来，刘泽等都承认了自己的罪恶。隽不疑有功，被提拔为京兆尹，并得到赐钱百万。京都的官吏和百姓都很敬畏他的威信。隽不疑每次巡视各县询问囚徒情况回来以后，他的母亲就问道：“对原来的错误判处有所纠正吗？又救活了几个人呢？”如果隽不疑纠正的错案、冤案较多，他母亲就笑逐颜开，十分高兴，吃饭和说话都比平时多；一旦没有纠正冤错案，他母亲就生起气来，甚至连饭都不吃了。因此，在母亲的教育和影响下，隽不疑虽然执法严厉，但是却从不残暴。

“平反”就是从这个故事来的，指纠正原来的错误判处。

“染指”的来历

典出《左传·宣公四年》：

楚人献鼋于郑灵公，公子宋与子家将见，子公之食指动，以示子家，曰：“他日我如此，必尝异味。”

及入，宰夫将解鼋，相视而笑。公问之，子家以告。及食大夫鼋，召子公而弗与也。子公怒，染指于鼎，尝之而出。公怒，欲杀子公。子公与子家谋先，子家曰：“畜老犹惮杀之，而况君乎！”反谮子家。子家惧而从之。夏，弑灵公。

春秋时期，一个楚国人献给郑灵公一只大甲鱼。说来也巧，郑国大夫公子宋（字子公）和子家要去朝见郑灵公，走在路上时，公子宋的食指忽然情不自禁地动了动，公子宋让子家快看，并且对他说：“以前，我食指这样颤动时，一定会吃到珍馐美味。”

二人入了朝，看见厨房正在宰杀甲鱼，公子宋和子家有几分得意之色，相视而笑。郑灵公问他们笑什么，子家便将公子宋的话如此这般地重复了一遍。等到请大夫们吃甲鱼的时候，郑灵公召见公子宋，却不让他吃甲鱼。公子宋很生气，就用指头在锅里蘸了一下，尝尝味道就走开了。郑灵公很恼火，想要杀掉公子宋。

公子宋暗中同子家商量，要先下手杀死郑灵公。子家劝解说：“六畜老了尚且不忍心杀掉，何况一国之君呢！”公子宋反咬一口，诬赖子家想弑君作乱。子家害怕极了，只好答应帮助公子宋。这一年的夏季，他们杀掉了郑灵公。

“染指”就是从这个故事来的，人们用它比喻占取不应得到的利益，也指插手某件事情。

“中饱”的由来

典出《韩非子·外储说右下》：

赵简主出税者，吏请轻重，简主曰：“勿轻勿重。重则利入于上，若轻则利归于民。吏无私利而正矣。”薄疑谓赵简主曰：“君之国中饱。”简主欣然而喜，曰：“何如焉？”对曰：“府库空虚于上，百姓贫饿于下，然而奸吏富矣。”

春秋末期，晋国有一个人叫赵简子。他很能干，晋定公封他为卿，掌军事等大权。卿有封地，所以又称他为“主”、“君”。

有一次，赵简子派人去收税。税吏请示赵简子，这次收税应该多轻多重。赵简子回答说：“不要太轻，也不要太重。重了，好处就都到官家这儿来了；轻了，好处就都到百姓那儿去了。只要税吏不从中谋取私利就行了。”

当时，有一个晋国人叫薄疑，他知道这件事之后，就对赵简子说：“您的国家中饱了。”这句话可以有两种不同的理解，一种意思是“您的国家只有中间的那些人（指官吏）富足”；一种意思是“在您的国家里，人们都很富足”。薄疑的原意是前一种，而赵简子却理解成后一种。所以赵简子听了薄疑的话之后，以为税吏照自己的指示办事，使国家富足起来了，就非常高兴地说：“你看怎么样？”薄疑回答道：“上面的官库已经空虚无物，下面的百姓受穷挨饿，然而中间的贪官污吏却填饱了私囊。”

“中饱”就是从这个故事来的。后来，人们称那些以不正当的手段从中捞取钱财以饱私囊的行为是“中饱”或“中饱私囊”。

“折中”的演变

“折中”一词本为法律术语。宋时政府颁用的折中法，是给予商人输送粮草至边塞或京都换茶盐运销权利的制度。雍熙以后，政府因用兵缺乏粮草，令商人运粮草至边塞，以路途远近定价，并给予“交引”的证券，商人持卷至京取现款（缗钱），或由政府行文到江、淮、荆、湖等地，准领茶盐运销。端拱二年(989年)，改在京城设置折中仓，商人运粮到仓，优给代价，兑换江淮等地所产茶盐。折中是指不同产品的互相折换，原为接济边防军需，充实国库，免除兵民运输之劳，后商人操纵粮与茶、盐比价，以少量粮食换大量茶、盐，利益尽为豪商所得，折中法遂坏。庆历八年（1048年）改行钞法，但折中一词却得以流传至今，用来指对几种不同的意见进行调和。

何为“花押”

《新唐书》卷一百二十二《韦陟传》：“常以五采笺为书记，使侍妾主之，其裁答受意而已，皆有楷法，陟唯署名，自谓所书‘陟’字若五朵云，时人慕之，号‘郇公五云体’。”

宋代叶梦得《石林燕语》卷四：“唐人初未有押字，但草书其名以为私记，故号‘花书’，韦陟‘五云体’是也。余见唐浩书名，未见一楷字。今人押字，或多押名。犹是此意。”

宋代周密《癸辛杂识后集·押字不书名》：“余近见先朝太祖、太宗时，朝廷进呈文字，往往只押字而不书名。初疑为检底，而未乃有御书批，殊不能晓。后见前辈所载乾淳间礼部有申秘省状，押字而不书名者。或者以为相轻致憾。范石湖闻之，笑其陋，云：‘古人押字，谓之花押印，是用名字稍花之，如韦陟

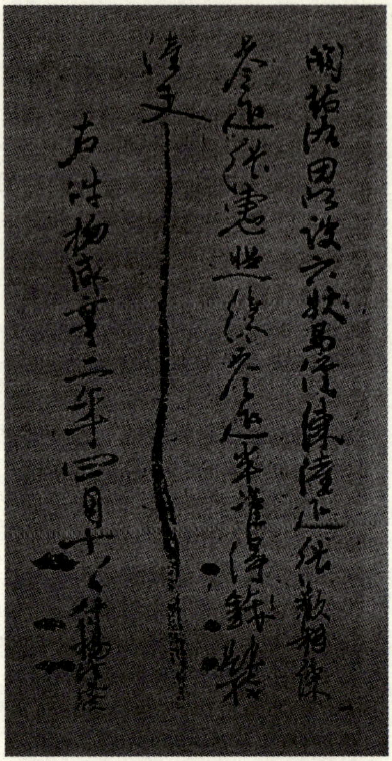
新疆出土的唐代咸亨二年契约文书

五朵云是也。'岂惟是前辈简贴，亦止是前面书名，其后押字，虽刺字亦是前是姓某起居，其后亦是押字。"

元代陶宗仪《南村辍耕录》卷二《刻名印》："今蒙古、色目人之为官者，多不能执笔花押，例以象牙或木刻而印之，宰辅及近侍官至一品者，得旨，则用玉图书押字，非特赐不敢用。"

从以上可知，"押"乃是公文或来往书简上的签名。花押即用草书签名，每人亦可据自己的喜好，稍花哨一些，成为个人的特殊标记。据记载，唐初不用花押，而且唐太宗要求文书可用真草写，唯名字用楷体。后来才兴起用花押，宋元时很盛行，甚至"刺"（相当于名片一类）上也用花押。而到元代，因官员中很多蒙古、色目人写不好汉字，不能作花押，只好刻成花押印章，在文书案牍上盖印，而且还规定了品级。

古代的"休书"

古时离弃妻子为休，离弃时写给妻子的文书叫休书。宋施德操《北窗炙輠》下："（姜八郎）乃谓其妻曰：'无他策，惟有逃耳。顾难相挈以行，乃伪作一休书遣之'。"《水浒传》第八回："小人今日就高邻在此，明白立纸休书，任从改嫁，并无争执。"

可见休书于宋代业已产生，休书的意义在于，解除婚姻关系也要有文字凭证，不可任意遣之。这样的文字凭证，对女子下一步的改嫁，意义重大。不要小看一纸休书，它能够使古代婚姻关系较为明确，减少婚姻诉讼。虽然休书还是带有很大的性别歧视，对女子不平等，但法律程序上，休书的产生亦是一种进步。

“巫蛊术”与“巫蛊案”

巫蛊术，其法是用木头之类雕成仇家偶像（或用纸剪成，或用草扎成），并写上仇家姓名生辰等，秘藏于匣子中，然后经常用针去刺偶人，或将脑箍戴在偶像头上，或用纸剪成许多魔鬼的模样置于偶像身边，同时还配合念咒语。据说每当用针钉刺偶人时，仇家的相应部位就会发生剧痛；若施头箍，则发生头痛；若施魔法于偶像，则仇家会见到恶鬼，久而久之，仇家就会失魂病重而死。这种意在害人的巫术，古书中称为“巫蛊”。

其实巫蛊之术是毫无科学依据的，但古人普遍相信它的效力，因此便成为流传很广的一种巫术。

西汉时代，巫蛊术相当盛行，还由此引起一桩震惊朝野的大案，史称“巫蛊案”。据《汉书·江充传》和《戾太子传》所载：江充得罪戾太子，当汉武帝在甘泉宫病重时，江充害怕戾太子一旦继位要杀自己，因而设计陷害戾太子。于是江充奏称皇上之病是由于有人施巫蛊术作祟。汉武帝本是一个十分迷信鬼神的人，相信江充的鬼话，便以江充为使者查治巫蛊。江充乃率领胡巫到处掘地寻求用于施巫术的木偶人，捕捉施蛊及夜中祭神诅咒皇上的人。其实，所掘得的偶人是江充使人预先偷埋的。为了巫蛊之事，“坐而死者前后数万人”，涉及面很广，这还只是为陷害戾太子制造舆论而已。当时汉武帝年老昏聩，身体不好，怀疑左右亲近皆为蛊作害，江充趁机说宫中也有蛊气，于是又从后宫开始挖掘，至太子宫，果然又掘得桐木人。戾太子明白这是江充暗中陷害，把江充杀了，但自己连同家属也全部遇害。这一案例反映了当时巫蛊术流传甚广。

巫蛊术在中国古代一直受到国家法律的严厉制裁，被视为左道邪术，一旦发现，通常都要处以极刑。但它方法简单，在民间流传很广，直到清朝皇宫中还出现过巫蛊术。

“文字狱”的由来

所谓文字狱，是封建统治者以人们撰写或保存的文字、著述中的问题为借口，对当事者和有关人员用刑、定罪、杀戮、株连的案件。尽管这类案件往往另有更复杂、更深远的背景或范围，但都是文字引发并以文字罗织成罪的，所以后人称之为“文字狱”。历代都有文字狱，如汉代杨恽因《报孙宗全书》以大逆被腰斩，宋代苏轼因乌台诗案以讪谤获罪下狱，明代高启因《上梁文》以谋叛被杀，等等。而清代顺治、康熙、雍正、乾隆四朝，文字狱频繁发生，愈演愈烈，在数量和规模上都是空前的。特别是乾隆一朝，文字狱几乎是历代的高峰。

纵观有清一代的文字狱，既有比较详细的材料（主要作为专案记录在朝廷档案里的案例），还有散见于公私文书中的，总计逾一百案。至于历朝奏本或作为因“文理荒谬”、“应抬之字竟不抬写”、“妄用不应用语”、“所言不惬朕心”而获遣得罪的，更是不胜枚举。

中国古代的文字狱，在一定时期内确实收到了禁锢思想，钳制言论，加强封建皇帝权威的预期效果。但因此而必然伴生的奸佞见用、官吏贪鄙、士风文风堕落、社会风气败坏以及君臣官场之间的猜忌虞诈等等，又无一不在加速腐蚀和毁坏封建统治。由于文字狱兴起，清代中期以后除注疏校勘古籍字词章句的考据学得到发展外，其他与“经世致用”有关的学术文化的研究、发展和吸收都受到压抑和阻滞，形成了思想僵化、文化凋零的“万马齐喑”的局面，阻碍了社会的进步。正如张元济先生在谈到文字狱时曾经指出的：封建帝王“以雷霆万钧之力加诸无拳无勇之辈，自可以为所欲为，推其意且必谓经此惩创，自今以往，当无有敢稍犯之徒……于是人人低首，家家颂圣，专制之乐，其乐无穷！乃曾几何时，敌国外患相偪而来……而侵陵之甚，竟因是以亡其国。”这段颇有见地的话，说明大兴文字狱是封建帝王残暴、愚蠢以及怯懦的表现。

狱吏之贵

《史记》卷五十七《绛侯周勃世家》："其后人有上书告勃欲反，下廷尉。廷尉下其事长安，逮捕勃治之。勃恐，不知置辞。吏稍侵辱之。勃以千金与狱吏，狱吏乃书牍背示之，曰'以公主为证'。文帝既见绛侯狱词，乃谢曰：'吏方验而出之。'于是使使持节赦绛侯，复爵邑。绛侯既出，曰：'吾尝将百万军，然安知狱吏之贵乎！'"

东汉的狱吏和囚徒

西汉时期，绛侯周勃曾经权倾一时。但有人上书告周勃想造反，于是皇帝下令廷尉查处此案，廷尉将周勃逮捕拘押在长安的监狱里。周勃非常害怕，不知如何是好。看守监狱的狱吏对这位曾经权倾一时的大人物丝毫不放在眼里，像对待其他犯人一样来侮辱周勃。周勃无法忍受这种侵辱，用上千两的金子贿赂狱吏，请狱吏为自己想一个予以脱身的办法。有一位老吏悄悄给了周勃一个纸条，上书"以公主为证"。周勃就按照狱吏的办法给文帝写了一封申辩的信，信中还反复强调自己并无造反之心，公主可以作证。文帝看了周勃的信后，对廷尉说："看来周勃并不想造反，你们去核实一下，如果真如周勃所言，就把他放了吧。"不久，周勃被恢复了官职和爵位。经过了这一番牢狱之苦，周勃感慨地说："我曾经也统领过百万大军，自以为很是尊贵，但是现在才知道狱吏是何等的尊贵。"

后世用"狱吏之贵"作咏狱吏之酷的典故。

什么是"三尺法"

古时将法律条文刻写在三尺长的竹简上，因称法律为三尺法，简称三尺。《史记》卷一二二《酷吏列传·杜周传》："客有让周曰：'君为天子决平，不循三尺法，专以人之意指为狱。狱者固如是乎？'周曰：'三尺安出哉？前主所是著为律，后主所是疏为令，当时为是，何古之法乎？'"南朝宋·裴骃《史记集解》引《汉书音义》："以三尺竹简书法律也。"后世也以三尺转指规定、约定。

"云阳"的来历

《史记》卷六《秦始皇本纪》："韩非使秦，秦用李斯谋，留非，非死云阳。韩王请为臣。"《括地志》云："云阳城在雍州云阳县西八十里，秦始皇甘泉宫在焉。"汉代桓宽的《盐铁论·毁学》："李斯相秦，席天下之势，志小万乘，及其囚于囹圄，车制于云阳之市。"

宋代壁画中的刑场

云阳是秦代杀人的刑场，韩非死于云阳。《盐铁论》说李斯也死于云阳。后世尤其在小说、戏曲作品中，常将云阳作为刑场的代称。

季冬诛

季冬为冬季的第三个月，即十二月，汉代于十二月处决犯人。《汉书·司马迁传》之司马迁《报任安书》："今少卿抱不测之罪，涉旬月，迫季冬，仆又薄从上止雍，恐卒然不可讳。"唐颜师古注："不可讳谓安死也。"后世用季冬诛表示判处死刑。

坦白从宽

"坦白从宽，抗拒从严"这句法律谚语，至少可以在唐代找到其原型。《唐律疏议·名例》这部七世纪的法典规定："诸犯罪未发而自首者，原其罪。"这里的"未发"即指犯罪尚未被发现时，罪犯自己说出就可以免罪。唐律还详细规定了自首可免罪的细则。《唐律》的这些内容被后世的法律沿袭。这里有一个较为典型的利用坦白自首的案例——狄仁杰谋反案。

武则天当政时，任用了一批酷吏，大兴告密罗织之风，大肆诛杀原来的大臣。有一年，酷吏来俊臣诬告狄仁杰等六位大臣谋反，把狄仁杰抓起来严加审讯。狄仁杰见审讯室里摆满的刑具，知道如果不认罪肯定就要被活活打死，他长叹一声："大周革命，万物维新，唐朝旧臣甘心受戮。"说罢就承认自己确实谋反。按照当时的法律，如果在第一次审讯时就承认罪状，可以算作自首，可以减一等处罪。谋反虽是个死罪，减一等就是流三千里，可以不死。好汉不吃眼前亏，狄仁杰就是想钻法律这个空子，先躲过刑讯这一关，将来再作计较。不料来俊臣的手下王德用步步紧逼，让狄仁杰揭发同伙。狄仁杰用头撞柱以死相抗，王德用也只得作罢。狄仁杰被关在大牢里，用血给武则天写了一封申诉信，又乘换季的机会，将血书传到儿子的手里，他的儿子拿着血书找武则天鸣冤。武则天很奇怪，说：“狄仁杰不是已经认罪了吗?”她把来俊臣叫来，问：“你是不是使用酷刑逼供了?”来俊臣连声申辩，武则天将信将疑，派自己的使者前去查看。来俊臣把狄仁杰等六位大臣拉出来换上新衣服，等待使者，骗过了使者。来俊臣想从速处死这几位大臣，他伪造了一封以这几位大臣名义写的“谢死表”，说他们自感罪恶深重，要以死谢罪。武则天很欣赏狄仁杰的才能，并不相信狄仁杰谋反，她见了“谢死表”后，决定亲自见狄仁杰问个明白，狄仁杰这才有机会向武则天诉说自己的清白。武则天很奇怪，问他：“既然你是完全被冤枉的，那为什么要认罪呢?”狄仁杰回答说：“要是不认罪，我早就死在枷棒之下了。”

这个案例中，狄仁杰就是利用了坦白从宽的法律规定，避免了自己的无谓牺牲。这也说明法律中坦白自首是开“救生活门”的法条。

铁券丹书

《汉书》卷一下《高帝纪下》：“天下既定，命萧何次律令，韩信申军法，张苍定章程，叔孙通制礼仪，陆贾造《新语》。又与功臣剖符作誓，丹书铁契，金匮石室，藏之宗庙。”

《资治通鉴》引《汉书》此语，胡三省注曰：“丹书铁契者，以铁为契，以丹书之。”

《汉书》卷十六《高惠高后文功臣表》：“封爵之誓曰：‘使黄河如带，泰山若砺，国以永存，爰及苗裔。’于是申以丹书之信，重以白马之盟，又作十八侯之位次。”

《后汉书》卷二十《祭遵传》：“生则宠以殊礼，奏事不名，入门不趋。死则畴其爵邑，世无绝嗣，丹书铁券，传于无穷。”

宋代王安石《读汉功臣表》诗：“汉家分土建忠良，铁券丹书信誓长。”

丹书铁券（契）原是汉高祖得天下后，封爵于功臣的凭证，封爵之誓有“爰及苗裔”之语，意为泽及功臣子孙。为了取信于功臣，皇帝作铁券丹书，颁发功臣。据胡三省注，知是在铁契上以丹书其誓言。后来唐、宋等朝也都有丹书铁券发给功臣。元陶宗仪《南村辍耕录·钱武肃铁券》曾记杭州钱王后裔钱赟藏铁券事，说铁券“形宛如瓦，高尺余，阔二尺许，券词黄金商嵌”，则丹书又变成黄金字。

由此可见，丹书铁券是皇帝给功臣宗室等人特殊的恩宠，可使他们享受皇帝赐予的种种特权，它可传给子孙，长久享受。

三木论囚

司马迁《报任少卿书》：“魏其，大将也，衣赭衣，关三木。”唐李善注：“三木，在颈及手足也。”唐张铣注：“关，穿。三木，谓杻、械、枷也。”这里可看出，古代加于囚犯手、足及颈部的三种刑具合称三木。三木论囚，指审理囚犯。

三杀三宥

《礼记·文王世子》：“公族无宫刑。狱成，献于公。公曰：‘宥之!’有司又曰：‘在辟。’公又曰：‘宥之!’有司又曰：‘在辟。’及三宥，不对。走出，致刑于甸人。”公族，指宗室、贵族。宫刑，即腐刑，指男子去势，女子幽闭。狱，这里指判决书。宥，宽恕。有司，有关部门，这里指执法官。甸人，古代官名，职掌公田，同时掌管宗族、有爵位者的刑罚。

引文记述的是周朝对公族犯人行刑的过程。古时，与天子同姓的公族之人，即使犯了罪，也不处以宫刑，因为宫刑是侮辱人格的，可以处别的刑罚。而在处刑之前，主管司法的大臣，要把案卷呈给天子。天子说，宽恕了吧！有司回答说，不可以，在法律上明文规定着嘛！天子听了，还要说，算了吧！有司又回答，不可以，否则以后怎么施行法治啊！一直问到三次，执法官不再问了。这时，天子从宝座上退下，回宫去了。有司便把应处罚的犯人，交给甸人去执行刑罚了。

由此看来，“三杀三宥”起码含有两层意思：一是，决狱要慎重，考虑再三；二是，要把生杀大权留给天子，同时给犯法的士、大夫一点面子。后以“三杀三宥”一语表达处刑慎重、考虑再三的意思。

“衙门”的来历

“天下衙门朝南开，有理无钱莫进来”。旧时候，人们称官府为衙门。官府为什么称作衙门？衙门由何而来呢？

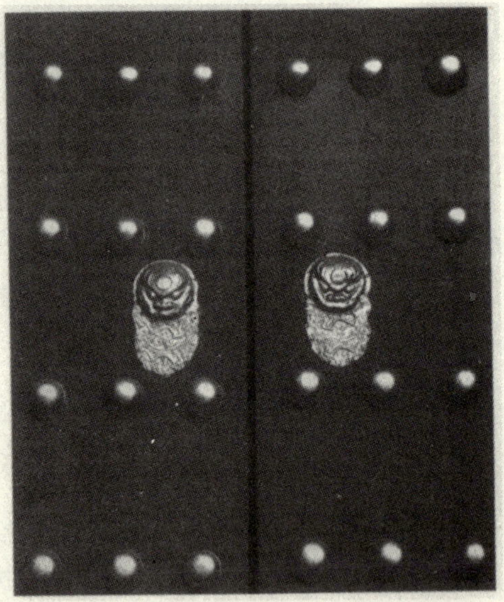

其实，官府起初并不泛称衙门，“衙门”是由“牙门”转化而来的。牙门是古代对于军旅营门的别称，据说取义于《诗经》“祈父，予王之爪牙”一语。祈父，是大司马一职的古称，执掌国家的军事和武卫，乃王者的左膀右臂，所以用猛兽的爪牙来象征他。为了把这种象征表示出来，起初把猛兽的爪牙列饰在军事长官办公的地方，比如中军营帐门前。后来用木头刻画大型的象征性的兽牙于营门两侧，于是便有了“牙门”。

“牙门”之变成“衙门”，文字记载上以《晋书·王浚传》为早。其传云：“时有八百余人，缘石头城劫取布帛，臣衙门将军马潜，即收得二十余人。”是作为马潜的职称出现的，还没有成为官府的代称。“牙门”演变为“衙门”，并正式成为官府的代称，大致起始于唐。唐代封演的《封氏闻见记》比较详细地考证了“衙门”的由来。封演说：“近俗尚武，是以通呼公府为公牙，府门为牙门，字稍讹变转而为衙也。”由此可见，唐以前人们是不把官府称衙门（或牙门）的，由于时俗尚武，官府也以带点武夫气概为荣，所以官府始称牙门。“衙门”是由汉字的讹变而产生的。《封氏闻见记》记录当朝之事，所说大抵可信。从其他史籍中看，有唐一代，“牙”、“衙”并用，如“李靖徒牙于碛中”，京城禁卫分“南衙”和“北衙”，等等。“牙”已经渐为“衙”所替，“衙门”的使用已经开始，但作为文职官员治理的官府，使用此称仍不太普通。

唐以后，“衙门”一词迅速流行，到了北宋的时候，人们就几乎只知有“衙门”，而不知有“牙门”了。而且文武府门，一概通用。并以“衙门”为基础，又产生了“押牙”、“衙牌”、“衙内”、“衙役”等许多与官府相关的职衔和称呼，从此，完成了从“牙门”到“衙门”的全部演变，“衙门”成了官府和机关最常用的代名词。

何为“尚方宝剑”

尚方宝剑，又称斩马剑。《汉书·朱云传》：“云曰：‘臣愿赐尚方斩马剑，断佞臣一人，以厉其余。’”颜师古注曰：“尚方，少府之属官也，作供御器物，故有斩马剑，剑利可以斩马也。”尚方是指掌管制造供应御用器物的官署，尚方宝剑即皇帝御用的宝剑。持有皇帝所赐尚方宝剑的大臣，拥有先斩后奏的权力。尚方宝剑后用来比喻来自上级的指示。

第二编 司法典故

“规矩”的来历

汉代伏羲女娲图（帛画）

在我国，伏羲、女娲被看成是创世神，又被看成是人类的祖先和人类文化的创始者。伏羲、女娲像在出土文物上时有发现，如汉代的石刻、砖雕、帛画中常见二人之像。新疆阿斯塔那墓群出土的伏羲与女娲交尾图，两尾相交，表现他们有性关系，是人类的生育者。同时也证明兄弟姊妹通婚，是原始先民曾经存在过的血缘婚的反映。

伏羲、女娲手持矩和规，后世普遍认为这表明他们是人类文化的创造者。但矩和规又作何解呢？

规，原意为校正圆形的用具。《诗·小雅·沔水序》载：“规者，正圆之器也。”引申指画圆。《六书音韵表》载：“凡合韵规其字之外以识之。”《说文》载：“有法度也。”《淮南子·时则训》载：“规者，所以圆万物也，又以法正人曰规。”

矩，古代画方形的用具，就是现在的曲尺。《周髀算经》载：“圆出于方，方出于矩。”引申指法度。《梦辞·哀时命》载：“上同凿枘于伏羲分，下合钜镬于虞唐。”《前汉·律历志》载：“矩者，就以矩方器械，令不失其形也。”

规矩，原意是指校正圆形和方形的工具。《孟子·离娄上》载：“不以规矩，不能成方员（圆）”。《杨子·太玄经》载：“天道成规，地道成矩，规动周营，矩静安物。”《字统》载：“丈夫识用必合规矩，故字从夫。”

据此可以推出，古人认为伏羲、女娲始定规矩。男规女矩，天规地矩，规动周营，矩静安物。法律也是一种“规矩”，有了法律这种规矩，社会才能井然有序。

“刑”字的由来

“刑”在古汉字中有“井”和“刑”两个字与其对应。“井”在甲骨文中就已经出现，现存的共有八十四处（姚孝遂《殷墟甲骨刻辞类纂》），其中大多作人名“妇井”（即名为井的商王之妻，一说商王之媳），还有一些表示地名，另外一些残缺不可解读。可见，没有一处用法和法律相关。现存周代金文中，“井”出现了71次（周法高《金文诂林》），除了四十九处用作地名、人名外，有不少地方都作“遵循，以为楷模”解，其余作名词，意为“法律规范”，如怀（重视）刑，明（明确正当）刑等，而作动词取“施刑罚”之意的仅有两例。这些与法律规范和刑罚等意义相关的用法绝大多数都出现在西周时期的器物上（郭沫若《两周金文辞大系考释》）。“刑”字在甲骨文中至今没有发现，周代金文中，此字写作“刱”，目前器物中曾出现三次，一处用作人名，另两处都是“法律规范”的意思，称为“中刑”、“中敷明刑”，都出现在东周的器物上。很显然，“井”字是先有的本字，而“刑”字是“井”字衍生出来并逐渐取代其意义的派生字。“井”字最原始的意义相当于现在“型”的意思，即模型，是铸器之范的象形，后来逐渐用作动词，表示“遵循，以为典范”的意思；进一步发展后，由于其有“限制，使事物成形的规范”之意，因此转而可以表示法律规范，并成为其统称。由于当时的成文法以刑罚为执行手段，因此渐渐有了刑罚的意义。这是西周时期的用法。到东周时期，为有别于原用法，又因刑罚有杀戮的意思，所以加上“刂”部衍为“刱”即今天的“刑”字。

“法”字的由来

在古代汉字中，“法”写作“灋”，甲骨文中无此字，其字首见于周代金文，

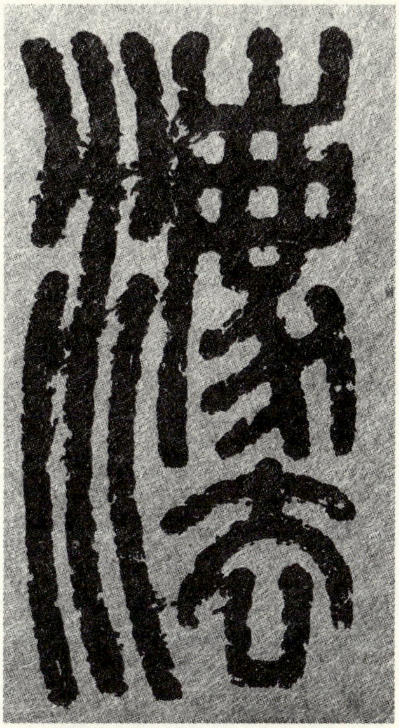

共有七例。其中有一处解释为“大”，是《大盂鼎》中“灋保先王”一句中的用法，其余六例都出现在“勿灋朕令”这一句式中，见《大盂鼎》、《师酉簋》、《克鼎》和《师虎簋》等，是“去”、“废”之意，整句的意思是不要让周天子的命令流于废弛。后一种意义的用法在秦代还很频繁，《睡虎地秦墓竹简·秦律杂抄》中就有“不当禀军中而禀者，皆赀二甲，灋”的说法，意思是不应自军中领取粮食而领取的，都罚出二副甲，撤职永不叙用。当然秦代的“灋”字在有的地方也已经用来表达“法律”的意思。因此，成书于汉代的《说文解字》中说：“灋，刑也。平之如水，从水；廌，所以触不直者去之，从廌、去”，意思是说，法就是刑，因为其表示公平如水，因此以水为偏旁；又因廌这种兽能够判别真伪，顶触争端中无理的一方并将其摒去，所以另一部分由“廌”、“去”这两个部件组成。由此可见，“灋”字本义起初一般是指“去除”、“废弃”，作动词用；后来开始渐渐用作名词，表示“剖判是非、主持公道的法律”之意，取代了原来一味强调暴力的“刑”的概念，成为法律的通称。后世为简便起见，将其中的“廌”字省略，成为现在的“法”字。其实，在最早的字典《说文解字》中，它列在“廌”这一部首下，在水部是找不到的。

“礼”字的由来

“礼”繁体字写为“禮”，古文作“豊”，下部的“豆”为盛器，“丰”为古“玉”字，像以器盛玉献祭于祖，实际是一种早期祭祀活动的仪节。后来的“礼”字，在原来的基础上加上偏旁“礻”（“示”），祭祀供台的象形，更凸现出其与祭祀活动的密切关系。关于它的起源，《孟子》中有“礼之初，始诸饮食”的说法，就是说礼产生于日常饮食活动中；记载古代礼仪制度颇为详尽的史籍《仪礼》中，有《乡饮酒礼》、《燕礼》等篇章，分别记述了乡间和国朝有关喝酒吃肉和音乐伴奏的一系列繁文缛节。当然，这些仪式中的某些内容已被后人繁琐化了。但由此可以推知，“礼”最初只是先民关于分配食物次序等的有关习惯。所以王国维说：“盛玉以奉神人之器谓之礼。”“祭”字从示、从肉、从又（手的象征），所谓“祭”就是手持肉置于祭台之上。这一系列仪节统称为“礼”，后来逐渐成为各种习惯仪节的通称。由于国家权力的介入，礼的内涵逐渐过渡，日益具备了“有强制规范作用的法律”的意义。以后经过儒家的改造发挥，其中的原则部分经过理论抽象成为“礼教”，即伦理道德体系；一些次要的具体仪节作为规范的性质削弱，成为“礼俗”；另外一些重要的内容，被后世统治者编定为国家的“礼仪”。这些礼教、礼俗、礼仪，有的被强调、重视而载入律令之中，成为正式的国家法律。

“律”字的由来

“师出以律”的故事，记载在我国古代的《周易》上。《周易·师》说：“师出以律，否臧凶。”是说军队要依靠纪律，否则，虽有强大的军队也要瓦解。《周易》成书于西周，但这个故事要追溯到黄帝时代。黄帝让一个叫伶伦的人把竹竿截成竹筒，钻上眼，用嘴吹，发出各种声响，分为六音（《吕氏春秋·古乐篇》）。黄帝就用这种竹筒的声响统帅军队的进退，这就像我们现在的军号。传说黄帝和蚩尤战于涿鹿，黄帝就是用这种竹筒的声音来指挥军队的进退。在黄帝时代，竹筒的声响体现了军队的纪律。因此，以后竹筒的声响（律）便成为规范的意思。所以，我国过去的一些法学家认为原始社会的军律是我国刑法的起源。以后，凡带有军刑意义的都为“律”。至于肉刑，据《尚书·吕刑篇》说，居住在我国南方的三苗族首领非常“顽凶”，他制作了“五虐之刑”，即五种酷刑来“杀戮无辜”。这五种残酷的刑罚是：劓（音义），割鼻子；刵（音二），割耳朵；椓（音酌），毁阴部；黥（音擎），刺面涂墨，即墨刑；大辟，即死刑。五虐之刑实际上是进入奴隶社会的标志，把以前用于战时的军律和肉刑用于平时，这种办法，被后来的学者称为“乱政”。但是经过岁月的流转，“律”字逐渐成了国家各种法典的统称。

古代法律的公布

从文献的记载来看，夏代的法律公布已很具体。据《尚书·胤征》：“每岁孟春，遒人以木铎徇于路。”《周礼·天官·小宰》“徇以木铎”及其注也有类似记载。注说：“古者有新令，必奋铎以警众，使明听也。……文事奋木铎，武事奋金铎。”“遒人”，用现代话来讲，是指宣示法令的官员；铎是铃，用金属做舌的为金铎；用木做舌的为木铎；徇是巡行宣示。把这两处的话结合起来，意思就是：每年正月，一旦有新的法令，必命宣令的官人摇着铎铃巡行宣告，使人们都明白知道。这虽只是口头传达，却已不失为一种法律的公布方式。

到了周代，文献说得尤为详细。夏殷之世已有司寇的官职，周仍置大司寇，专管刑狱，具体职责之一就是“布刑”。《周礼·秋官·司寇》说：“正月之吉，始和，布刑于邦国都鄙，乃悬刑象之法于象魏。使万民观刑象，浃日而敛之。”可以看出，是用图画或文字来宣布了。所谓“象”有两种解释，一种解释是法；另一种解释是关于犯罪和刑罚的图画。不论哪种解释，都表明乃是关于法的宣示。

周代还有一个专门从事法令宣传的机构，这就是大司寇下设的属官“布宪”和他所属的工作人员。他们专管刑禁，主要的也是布刑，人数多达四十人。在古代，这是一个规模不算小的办事机构了。大司寇于正月一日布刑时，布宪也执着旌节往四方去宣布刑法禁令，所到之处要表悬法令。郑玄为《周礼》作注，至此特发挥其意：“刑者，王政所重，故屡丁宁焉，使四方谨行之。”可谓深谙法律宣传的要义。

周代这种公布法律的制度影响十分深远，到春秋末期的公元前536年，郑国执政子产“铸刑书于鼎，以为国之常法”。后来，约公元前501年，郑大夫邓析又把刑法刻在竹简上，谓之《竹刑》。邓析虽然被杀，《竹刑》却得到实施。公元前514年，晋国的赵鞅和荀寅“赋晋国一鼓铁，以铸刑书”，也是把刑法铸于鼎上，向群众宣布。

周朝的治国三典

周朝的中央设置了掌管司法的官史，叫大司寇。大司寇的首要任务是掌握治国安邦的三条经验，即《周礼》所说的“建邦三典”（《周礼·秋官·大司寇》）：“刑新国用轻典”，“刑平国用中典”，“刑乱国用重典”。在新开辟的地域或国君新即位的时候，人民对于新政策还不熟悉，要争取民心，用刑罚则要轻，这叫“刑新国用轻典”；对于太平无事的国家，则用常行的法规，这叫“刑平国用中典”；对于经常发生篡夺王位、阴谋叛逆国家，用刑则要从重，这叫“刑乱国用重典”。

大司寇每年把全国发生的案例收集到中央，在每年正月，把案例画成图形悬挂在王宫左右门中间的阙门上，叫万民观看，这是为了减少犯罪而进行的宣传教育，使人们看到刑罚的可怕而不犯法。据《尚书》记载，我国很古的时候就提出了“刑期无刑”的思想，就是说，施用刑法的目的在于从根本上不再需要刑法。还有一种看法是“刑惩非死，人拯于病”，“士制百姓于刑之中，以教祇德”。就是说惩罚不是为了杀死个别的人，而是使一般的人看到了刑罚的痛苦而不敢再来触犯刑罚，即所谓“以刑止刑”、“以杀止杀”。对老百姓应以礼教为根本，申明刑法为辅助。对越出了礼教的人，才施以刑。

周朝的“三典”理论深为以后的立法司法工作者所重视，成为后来立法和司法所遵循的原则。

最早的国家监狱

商代末期，以残暴著称的纣王在平定东夷、获得大量俘虏之后，变得更加无道，残害百姓，纵情声色。与其相反，商朝诸侯国周国的领主西伯姬昌却采取了一些比较进步的措施，一方面有计划地发展生产，较节制地征收租税；另一方面礼贤下士，使国势日强，逐渐成为商王朝的一个强大藩国。这自然引起了纣王的疑虑和不满。恰在此时，“九侯有好女，入之纣。九侯女不憙淫，纣怒，杀之，而醢九侯。鄂侯争之强，辩之疾，并脯鄂侯。西伯昌闻之，窃叹。崇侯虎知之，以告纣，纣囚西伯羑里”（《史记·殷本记》）。这里说的“羑里”，便是我国历史上有文字记载的最早的国家监狱，其遗址在今河南省汤阴县城北八里的羑河之畔。

西伯姬昌在此被囚达七年之久，直到他的部属托人向纣王奉献美女珍宝才获释。据传姬昌在羑里被囚时，发愤著述。纣王不仅派人监视他，还采用灭绝人性的手法考验他。纣王将姬昌的长子伯邑考杀害，烹作肉汤，派亲信给姬昌送去，强令他当即吃下。然后，告诉他这就是他儿子的肉。姬昌听后五内俱焚，但因怀有灭商大志，把满腔仇恨深埋心底，脸上仍是呆滞板结一般，不露一点愠怒和悲痛之色。送肉人向纣王报告后，愚蠢的纣王以为姬昌的斗志被压服了，十分得意。姬昌吃了儿子的肉之后，心中万分悲伤，几乎每天要把吃进的食物外吐，久而久之便形成了一个冢子，后人称为“吐儿墓”，至今在羑里仍赫然在目。

姬昌在被囚的七年间著成了《周易》（又称作《易经》），后成为我国儒家重要的典籍，为五经之首。这就是司马迁在《史记·报任少卿书》中说的“西伯拘，而演周易”的记述。后来，姬昌的儿子姬发（周武王）灭殷建周，姬昌被谥为文王。人们为了纪念他，就在羑里旧址上建了文王庙。

不列三后

“不列三后”原指任法官的皋陶不能与伯夷、禹、稷三人并列，后多用作轻视法官的典故。

《后汉书》卷五十四《杨赐传》载：“拜赐尚书令。数日出为廷尉，赐自以代非法家，言曰：‘三后成功，惟殷于民，皋陶不与焉，盖吝之也。”杨赐被授予尚书令，过了几天又授予廷尉，但是杨赐认为自己并非法家，而且不愿意当廷尉，他说：“古代的伯夷、禹、稷三位圣人之所以能够为民众景仰，是由于他们给民众带来了许多实际的好处，而与他们同时代的法官皋陶之所以不能和他们并列，是由于皋陶未能予民实惠。”

唐代李贤注《尚书》曰：“‘伯夷降典，折民惟刑；禹平水土，主名山川；稷隆播种，农殖嘉谷。三后成功，惟殷于人。’言皋陶不预其数者，盖耻之。”

由“不列三后”这个典故，可以看出在古代人的心目中，对主掌刑诉的司法官吏是十分鄙视的，在他们看来，司法官吏是不能与主管农业、水利等的官员并列称颂的。

战国晚期的“道法转关”现象

倚仗法律控制和权势操纵来整顿社会秩序的想法，在战国晚期得到了发展，出现了所谓“道法转关”现象。

首先，对人性堕落与社会混乱的极力抨击，正是以法度刑律治理社会的最好依据。《商君书·更法》和《韩非子·五蠹》都说，黄金时代一去不复返，人类的和睦与宁静早已成为历史，既然人性已经颓坏，就绝不能守株待兔，而应当“当时而立法，因事而制礼，礼法以时而定，制令各顺其宜”，真正的圣人是

“不期修古，不法常可，论世之事，因为之备”，所以，在人性已经堕落的时候，法制就是不可避免的。

其次，法家对“道”的超越性理解和普遍性解释，正好为权势主义者所强调的君主权势至高无上而又广大普施提供了宇宙依据。《文子》称“高而不危”、“贵为天子，富贵不离身”，“道者，圣之所更也，至之所役也，以至图弗能举，口不可以致其意，貌不可以立其状”，它不在法度规矩之内，却又能控制并管辖一切，它本身就不言而喻的是“势”和“理”。“势”是一种政治的权利，“理”是一种话语的权力，所以说“其得道以存者，天能存之”，“其得道以亡者，天弗能存也”，其力量超越了“天”，这是当时很多思想家的共同思想。《管子·君臣》中就说，“道”是贯穿天、地、人的一种超越性精神和原则，但“上之所以导民也，是故道德出于君，制令传于相，事业程于官，百姓之力也，胥令而动者也”。“道”与“君”联系一起，就很接近法制主义和权威主义了。

《庄子》虽然有些接近无政府主义，但在《天地》一篇中却说，“天地虽大，其化均也；万物虽多，其治一也；人卒虽众，其主君也。君原于德而成于天”，而《韩非子》则宣扬一种集权主义，他说“事在四方，要在中央，圣人执要，四方来效”，他们的依据都是宇宙有永恒的“道”，而“君”就是秩序的化身。

再次，自《老子》以来，道家一直崇尚的朴素混沌境界包含了一种反对知识的思路，希望达到“绝圣弃智，绝仁弃义，绝巧弃利”的境界，回到结绳而治的时代，而老子所谓“古之善为道者，非以明民，将以愚之”以及“民之难治，以其智多”，多少有些愚民的意味。与此相反，道家把帝王作为社会的枢轴与中心，表面上是仿效古圣与天道，是提倡“无为”，其实恰恰是把百姓置于股掌之上，想象民众都处在蒙昧的状态中，而帝王控制着一切，轻而易举就能理顺秩序。《庄子·天道》所谓“莫神于天，莫富于地，莫大于帝王”，如法制主义者一样确立了帝王的专制和权威。

战国时代，“秩序”是一个很重要的话题，正是在这个话题的讨论中，儒者之学中潜含了向法制主义转化的因子，很容易地从“礼”到“法”，由“民”而“君”，出现了“道法转关”的思路。当时，慎到、申不害兼道、法之学，《管子》有中杂名法道术的论述，韩非有《解老》、《喻老》之作，《文子》有近似法制主义的言论。看来，《史记》中记载申子“本于黄老而主刑名”、韩非“喜刑名法术之学而归本于黄老”，并不是一些偶然的现象。尽管论道者们开出一套法制之术，而真正在政治中实施则是在汉代，但是杂糅道法、由道而术的趋势，却在很早就开始了。

禁奸止过 莫若重刑

法家的商鞅强调“行刑，重其轻者。”所谓“重其轻者”，就是指在执行刑罚时，应对轻罪予以重罚，这是重刑主义理论在法制中的体现。商鞅认为：“行刑，重其轻者，轻者不生，则重者无从至矣。”即加重刑于轻罪的处罚，轻罪就不致产生；轻罪不存在，重罪也就不可能出现；重罪不出现，也就不可能有刑罚加身。因为“重刑连其罪，则民不敢试，民不敢试则无刑也”，从而达到“以刑去刑，刑去事成”的目的，即通过轻罪重刑的手段达到预防犯罪的目的。这一立法的指导思想主要是针对民众的。商鞅说：“禁奸止过，莫若重刑。”韩非也曾说过，“民不以小利蒙大罪”，“重一奸之罪，而止境内之邪……重罚者盗贼也，而悼惧者良民也”。商鞅在秦国主持变法时，曾规定在道路上倒垃圾都要处以“断手”酷刑，认为这样可以防止民间的争斗，有利于维持统治秩序。

1971年山东临淄齐国故城春秋墓葬出土的刖刑遗骸

算缗令与告缗令

中国古代是以农立国，一向就有重农轻商的传统，把农看做是本事，把商业看成是末业。表现在法律上的重农抑商，从先秦一直延续至清代。

早在秦代，秦始皇就主张“上农除末”，并把它刻在琅琊台的一块石头上，公布于天下。这里的“除末”，就是“抑商”。西汉王朝建立之后，仍然承袭秦代的抑商政策。汉高祖刘邦曾下令禁止商人衣丝乘车，禁止商人及其子孙做官，并规定商人要交纳加倍的人口税，从政治、经济上给商人以打击。文帝、景帝时，一些政治家如贾谊、晁错等，都提出过压抑商人的主张。

汉武帝即位以后，由于与匈奴进行长期的频繁战争，再加上各项水利、木土工程的兴建，以及统治者的挥霍浪费，损失了巨大的人力和物力。广大农民由于天灾人祸而陷于绝境，元狩四年（公元前 119 年）山东发生水灾，七十余万饥民无以为生，到处流亡，阶级矛盾大有一触即发之势。而一些富商大贾拥有大量资财，过着奢侈无度的豪华生活。他们不但“不佐国家之急”（《史记·平准书》），而且还趁火打劫，大发国难财，这就使汉朝地主政权面临着危机四伏的局面。汉武帝意识到这一问题的严重性。为了解决财政危机，巩固封建统治，加强对匈奴的防御和反攻，他决定先向商人开刀。武帝根据御史大夫张汤和侍中桑弘羊的建议，颁布了打击富商大贾的算缗令和告缗令。

据《史记·平准书》的记载，这两项法令的主要内容为：凡属工商业主、高利贷者、囤积商等，不论有无市籍，都要据实向官府呈报自己的财产数字，并规定凡二缗（一缗为一千文）抽取一算，即一百二十文。而一般小手工业者，则每四缗抽取一算。这叫做“算缗”。

除官吏、三老（乡官，掌教化）和北边骑士外，凡有轺车（即运输小马车）的，一乘抽取一算，而贩运商的轺车，一乘抽取二算，船五丈以上的抽取一算。

隐瞒不报或呈报不实的人，罚戍边一年，并没收他们的财产。对于敢于告发的人，官府赏给他没收财产的一半，这叫做“告缗”。同时还规定禁止有市籍的商人及其家属占有土地和奴婢，敢于违抗法令的，即没收其全部财产。

实际上，算缗、告缗两项法令，是借政府的力量把大工商业和高利贷者从农民身上剥削来的财物收归国有，虽有利于封建经济基础的巩固，但也因此一度出现“商者少，物贵”的现象，制约了商品经济的发展。

唐代的律、令、格、式

律、令、格、式是唐代法典体系中四种主要的法律形式，四者并行不悖，相得益彰。

律：“律以正刑定罪”，即处理刑事犯罪的法律条文，其中包括有关民事、婚姻及诉讼诸方面的法律规范，具有较大的稳定性和确定性。律是统治阶级定罪科刑的尺度。自阶级和国家出现以后，律也随之形式。战国中期，商鞅改李悝的《法经》六书为六律。汉初，相国萧何在秦律的基础上制定《九章律》，自此历代均沿袭律的名称。律是法典四书中最早出现的一种形式，也是封建法典中继承性最强的部分。《唐律疏议》是我国封建法律发展过程中最具代表性的法典，其中律为十二篇。后代的法律多有承袭了它。

令：“令以设范立制”，是对国家各项政治法律制度，包括职官机构、军队组织、土地、赋役等制度的规定，涉及的范围较为广泛。令是与律相辅而行的，故常以“律令”并称。令的出现也较早，春秋时即有令，如楚国有楚令。唐令分为官品令、户令、选举令、考课令等二十七篇，共三十卷。唐代曾颁令五次，但唐令没有完整地流传下来，仅散见于《唐六典》、《唐会要》、《通典》、《宋刑统》诸书中。日本学者仁井田陞将其佚文和节文收集起来，编成《唐令拾遗》一书，可以窥见唐令的概貌。

格：“格以禁违正邪”，即国家机关的行政法规，为官吏必须遵行的各种单行敕令、指示的汇集，通常是禁人违反的法律条例。格不仅涉及的范围广泛，而且比较具体。格的演变，据《唐六典》载：汉有建武律、令、故事上中下三篇，晋贾充撰律令并删定当时制诏之条为故事三十卷，与律并行。梁易故事为科。后魏以格代科，于麟趾殿删定，名为《麟趾格》。北齐因魏立格，撰权格，与律令并行。唐代法典中格经常编修，有《武德格》、《贞观格》、《永徽格》、《神龙格》、《开元格》等。格的来源是诏敕。诏敕是皇帝临时颁布交由国家机关执行的各种单行法规与指示，内容驳杂，有属律的范围的，也有属令的范围的，但在未编入格以前，都是临时性的。由于其量时立制的性质，因而唐代“诸制敕断罪，临时处分，不为永格者，不得引为后比。”诏敕经挑选、修改、整理入格以后，以一般的法律形式出现，便算是永久性的“永格”了。

式：“式以轨物程事”，即国家机关的公文程式和办事细则，也具有行政法规的性质。式的名称，一般认为源于汉代的品式章程。其实，式在战国末期便已出现了，云梦秦简中即有所反映。唐式主要是执行律令所规定的活动细则及百官有司的办事章程，多以官府命名，如《水部式》，即关于水利设施的使用、维修、管理等的具体规定。式与律也互为照应，例如《职方式》中规定了边境上置放烽燧的数目，不得违式。

律、令、格、式四者互相区别又互相依存，是唐代法典体系的四个相互联系而又相对独立的形式。律、令、格、式的综合运用，便是唐代法律的系统实施。唐代凡是判案断罪，“皆须引律、令、格、式正文”。四者并行，表明唐代法律形式的多样性，不仅标志着封建法典体系的逐渐系统化和周密化，同时也反映了专制主义中央集权的发展和皇帝对立法、司法等支配作用的加强。唐代通过律、令、格、式这四种法律形式，把各个方面的社会关系都纳入法律调整的范围，从而使统治阶级可以按照自己的意志与愿望去组织和改造人们的社会生活，这便是唐代法典体系的实质。

击鼓升堂的由来

古代，如有要诉之事，可以到衙门口设立的鼓前鸣击。这种“击鼓喊冤”，是古代的一种直诉制度，其所击之鼓名为“登闻鼓”，登闻鼓起源甚早，周朝已具雏形。

周朝有所谓的路鼓，即“建路鼓地大寝之门外而（大仆）掌其政，以待达穷者与遽令，闻鼓声，则速逆御仆与御庶子”（《周礼·夏官》）。

秦汉时期在宫外设置“路鼓”，有紧急军情可以擂鼓报警，随时传递文件，也有人擂鼓申诉。乃至汉朝，实行“击鼓上言变事”的制度。所谓变事，乃泛指一切非常之事。

晋朝正式设置“登闻鼓”，意思是立即使皇帝得知，允许有冤抑者击鼓向皇帝直诉。《晋书·武帝纪》曾记载有“西平人麴路伐登闻鼓”的事。《魏书·刑罚志》也记载北魏设登闻鼓收纳诉状之事。

唐时，长安、洛阳并置登闻鼓。赵匡胤即位后，亦置鼓。宋太宗淳化三年（992年）五月，诏置理检司，以钱若水领之，并置鼓于禁门外以达下情，名曰鼓司。至道三年（997年），太子中舍王济勾当鼓司，用朝臣勾当自此始。真宗景得四年（1007年）五月，诏改鼓司为登司鼓院，掌诸上封而进之，以达万人之情，隶司谏、正言。凡臣僚阁门无例通进文字，并先经登闻鼓院进状。真宗认为：“开广言路，理国所先。”为了改变“车驾每出，词状纷纭，洎至披详，无可行者”的状况，真宗下诏，除将鼓司改为登闻鼓院和登闻检院外，又规定：“诸人诉事，先诣鼓院，如不受，诣检院，又不受，即判状付之，许邀车驾。如不给判状，听诣御史台自陈。”从以上发展过程可知，登闻鼓起初只是鸣冤投诉的一种举报工具，后来逐渐发展为封建王朝的信访机构，不仅有登闻检院作为并立和相互补充的机构，而且在受理案件上，也有更广泛的内容。从此以后，直到清代都有这种直诉制度。

秋审制度的由来

秋审制度可追溯到两汉以来的录囚。

录囚，即审录复核在押的人犯。《汉书·隽不疑传》曰：“（不疑）拜为青州刺史，每行县囚徒还。”颜师古注：“省录之，知其情状有冤滞与不也。”《后汉书·明帝纪》载，永平十八年夏诏：“理冤狱，录轻系。”《后汉书·百官志》

记十三州部刺史“常以八月巡行所部郡国录囚徒。”其时制度尚未完备，所录囚徒不分已决犯还是未决犯；时间也未确定，或夏或秋；形成亦不统一，或诏令审录，或差官巡察。

两汉的录囚，源于先秦。《周易·中孚》：“君子以议狱缓死。”孔疏：“过失为辜，情在可恕，故君子以议其过失之狱，缓舍当死之刑也。”《礼记·月令》：仲春之月，“命有司，省囹圄，去桎梏，毋肆掠”。在这些后来被奉为儒家经典的著作里，已经产生了以天行罚、明德慎罚的思想。经历代儒学大家的阐发和统治者的提倡，逐渐形成了“恤刑慎杀”的传统法律思想。

魏晋以来，录囚渐成经制。至唐代则已定型，“凡禁囚皆五日一虑焉。凡在京诸司现禁囚，每月二十五日以前本司录其犯及禁时日月以报刑部。凡天下诸州断罪应申复者，每年正月与吏部择使，取历任清勤明识法理者，仍过中书门下定讫以闻，乃令分道巡复”（《唐六典》卷六）。

明代的朝审是历代录囚的发展。英宗天顺三年令“每岁霜降后，三法司同公、侯、伯会审重囚，谓之朝审。历朝遂遵行之”（《明史·刑法志》）。其所以称朝审，是因审录在京囚徒。至于外省囚徒，仍然是遣恤刑官下去进行，五年一次。沿袭历代录囚的做法，明代的朝审和外省遣官录囚的对象，既有死罪重囚，也有一般徒流罪囚。

清朝所确立的秋审制度实际上是把明代行于京师的朝审扩大到全国，并废止外省遣官录囚的做法，改为各省先自行审录，然后上报朝廷统一审定。清代秋、朝审始于顺治元年（1644年）前明进士刑部左侍郎党崇雅的奏称。顺治十年八月刑部题准“朝审事宜日期，于霜降后十日举行”（《清世祖实录》卷七七）。顺治十五年十月刑部等又遵旨议定：“各省秋决重犯，该巡按会同巡抚、布、按等官，面加详审”，于“霜降前奏请定夺”。顺治初尚有巡按之制，十七年废，各省秋审改由巡抚领衔进行。康熙五年题准“永行停止”差遣司官赴各省（《光绪会典事例》卷八四六）。康熙十二年十一月谕刑部：“以后各省秋审应令照在京朝审例，豫期造册进呈，亦着九卿、科道会同复核，奏请定夺”（《清圣祖实录》卷四四）。至此，清代秋审制度规模已具，在京朝审、在外秋决实际上合二为一，成为每年一次的秋审。尽管朝审名目仍保留，实际上只是整个秋审制度中关于在京案件的那一部分，秋审的范围也仅限于判处死罪的案件，徒流罪不在其列。

元代法律中的四等人

元朝在法律上将人按照民族的不同和被征服的先后划为四个等级：蒙古人、色目人、汉人、南人。

居第一等的当然是元朝“国族”蒙古人，蒙古统治者称之为“自家骨肉”。蒙古人由两部分人组成，一为与成吉思汗出于共同祖先的尼鲁温蒙古人，有二十余部；一是被称为迭列列斤的蒙古人，有十余部。第二等为色目人，是元朝最高统治者的得力助手，常在元廷经商、理财、充当重要官吏等。色目人有三十一种，如钦察、唐兀、康里、阿速等。第三等为汉人，又称“汉儿”、“札忽歹”，指淮河以北原金朝统治下的各族及较早受蒙古征伐的云南、四川两地居民，有八种，如契丹、高丽、女真、竹因歹等。第四等为南人，又称“蛮人”、“新附人”，指最后为元廷征服的原南宋境内的各族，有浙江、江西、湖广及河南南部的居民。

这四等人反映在法律上的不平等有很多，如蒙古人殴打汉人，汉人不得还手，只许向官府申诉，违者严行治罪；元律规定“杀人者死”，但同时又规定，蒙古人乘醉殴死汉人的，只断罚出征，并全征烧埋银，无须偿命，可是汉人殴死蒙古人，则不问情由，一律要处死刑；四等人犯同样的罪，所受的处罚却截然不同，如盗窃犯要刺字，但只对汉人、南人而言，蒙古人、色目人不刺字，审判官若擅自将蒙古人、色目人刺字，要受革职处分；此外，蒙古人居官犯法，论罪时必择蒙古官判决。

元朝推行的四等人制中，汉人、南人中的官僚、地主阶级和蒙古贵族结合在一起，剥削和压迫汉族，但另一方面，他们毕竟又居第三、四等人，在官场和其他场合竞争不过蒙古、色目人。四等人制的实行，使元朝的社会矛盾更加复杂尖锐，从而加速了元朝的灭亡。

十恶不赦

“十恶”是历代法律的重点打击对象，其中的不少罪名只要有预谋即罪名成立，甚至只要表示了犯意就构成犯罪，表现出礼教所谓的“诛心”原则。“十恶”罪名的处刑一般也都比较重，大量施用死刑，以及“不分首从皆斩”。尤其是对于侵害皇帝或皇权的罪名，还往往要实行“缘坐”，连带处罚罪犯的亲属。但是最严重的后果是“十恶”的罪犯一律不得被普通的大赦所赦免，即使贵族官员犯有十恶的，也不得援引“八议”、“收赎”之类的特权来逃避刑罚。所以在民间就有“十恶不赦”的说法，强调罪恶深重。

十恶的具体罪名如下。

谋反——谋反这一罪名从秦朝就已确立，一直沿用到清末。律文的注解很简单，就是“谋危社稷”。社是土地神，稷是谷物神，社稷历来作为国家和君主的象征。谋反就是企图害君主或国家。

谋大逆——“大逆”在秦汉时用来指一些罪大恶极的犯罪，并没有具体的罪名指称。唐朝的法律明确规定这类犯罪有三项具体罪名：“谋毁宗庙、山陵及宫阙。”宗庙是皇帝供奉祖先的庙宇，山陵是皇帝先人的陵墓，宫阙是皇帝本人居住的地方，这些都是皇帝和皇权的象征，图谋破坏就是企图侵害皇帝的祖宗和挑战皇帝的权威，因此必须严惩。《唐律》规定：谋反、谋大逆者，本人不分首从皆斩；其父亲和十六岁以上的儿子皆绞；妻妾和十五岁以下的儿子以及母亲、女儿、儿子的妻妾、孙子、祖父、兄弟姐妹全部入官为婢；家中的部曲、奴婢、资财、田宅也全部没官；伯叔父、侄子无论是否同居，皆流三千里。即使仅是图谋没有实际实施，仍然要处绞刑。明清时进一步加重到参与谋反大逆的全部凌迟处死，大功以内满十六岁以上的男性亲属全部处斩。

谋叛——谋叛是指“谋背国从伪”，即图谋叛逃投向敌对皇朝，这也是自春秋时代就有的罪名，以后就是在战场上放下武器投降敌军也算重罪。现从秦简中可以看到，凡是被认为已经战死的人后来又活着回国的，就要罚为官府的奴隶。如果是主动放下武器的，则要株连家属。《唐律疏议》规定有叛国企图的，首犯处绞刑，从犯处流刑；已经“上道”即已实施叛国行为前往投向敌对国的，不分首从皆斩，妻子流二千里。而百姓“亡命山泽”不听从官府召唤的，也以谋叛论罪；胆敢抗拒官兵，亦以“上道”论。

恶逆——唐以后专指家族内部犯上侵害的罪名，包括子孙殴打、谋杀祖父母、父母；侄子杀害伯叔父母、姑母；弟弟杀死哥哥、姐姐；外孙杀死外祖父母；妻子杀害丈夫或丈夫的祖父母、父母。《唐律疏议》规定不分首从皆斩，明清律进一步加重到凌迟处死。

不道——“不道”常和“大逆”连称，隋唐后专门指一组恶性侵害罪名。指一次杀死一家没有犯死罪的三人以上，罪犯要不分首从皆斩，妻、子流二千里。

大不敬——“大不敬”至少从秦朝开始专指侵犯皇帝尊严的罪名，隋唐以后包括如下罪行：盗窃皇帝用于祭祀神灵的祭品，盗窃皇帝的生活用品；偷盗或伪造皇帝的印信；因失误在为皇帝合药时没有按照药方配药或写错了封题；为皇帝烹调“御膳”时因失误而触犯“食禁”；为皇帝制造车辆或船只因失误而不牢固；根据礼教臣子对于君父有所冒犯；“指斥乘舆”，即严厉指责皇帝；对于皇帝派出的使者不够尊敬。对于大不敬的处罚也以斩、绞为主。

不孝——中国古代很早就有“罪莫大于不孝”的说法，据说这是夏朝法律就已确立的原则。隋唐以后的不孝是一组被认为严重违反孝道的罪名，具体包括：①子孙告发或诅詈祖父母、父母，告发者和谩骂者都要处以绞刑；②祖父母、父母“别籍异财”，即子孙在祖父母、父母，尚未去世的情况下就和祖父母、父母分家单过（如为祖父母、父母指示则无罪），徒三年；③违反祖父母、父母的“教令”（教训和指令），徒二年；④“供养有缺”即对祖父母、父母的供养不充分，徒二年；⑤在服丧期间违反孝道，徒三年，如娶妻、出嫁、奏乐、脱掉丧服改穿“吉服”；⑥“闻祖父母、父母丧，匿不举哀”，流二千里；⑦诈称祖父母、父母死，徒三年。

不睦——不睦是一组亲族内部互相侵害的罪名，因有违礼教“亲亲”的原则，也列为十恶。《唐律》规定这类罪名包括：①谋杀缌麻以内的亲属。谋杀缌麻以内尊长的，流二千里，尊长谋杀缌麻以内卑幼亲属的，各依故杀罪减刑二等；②出卖缌麻以内亲属。将期亲以内的卑幼亲属强行出卖为奴婢的，和斗殴杀死期亲以内卑幼亲属同样处理；③妻子殴打、谩骂或告发丈夫和大功以上的尊长及小功以内的尊属。妻子殴打、谩骂丈夫及尊长亲属的，比照丈夫的同样行为减罪一等，告发丈夫以及丈夫的祖父母、父母的，徒二年。

不义——不义是一组违反礼教尊卑等级之义的罪名。隋唐以后主要指平民谋杀本地各级地方长官，士兵谋杀本部五品以上的长官，学生谋杀老师。凡是预备谋害的，流二千里，已伤害的绞，已杀害的，皆斩。

内乱——内乱是一组亲族内部的性犯罪罪名。隋唐以后主要指小功以内的同辈亲属通奸，双方均流二千里。如果是强奸的，男方处绞刑；但如果是和祖父、父亲的妾通奸的，或是和小功以内不同辈分之间通奸的（指伯叔母、姑、姐妹、儿媳或孙媳、侄女）就要处绞刑。

实际上除了“十恶”以外，还有许多被认为是严重触犯统治秩序的犯罪同样不可赦免。历代发布的大赦令中，一般都列举谋杀以及故意杀死他人、放火、劫囚、受财枉法等不得赦免，明清法律明确规定，十恶以外的杀人、盗窃官府财物、强盗、窃盗、放火、盗墓、犯奸等罪犯，也是“常赦所不原”。

清议入律

南朝法律有一特点，即“清议入律”。《隋书·刑法志》记：“（梁）士人有禁锢之科，亦有轻重为差，其犯清议，则终身不齿。”陈朝则“唯重清议禁锢之科，若缙绅之族，犯亏名教，不孝及内乱者，发诏弃之，终身不齿”。

清议兴于东汉末的“乡举里选”。清议的倡导者多是有名望的官僚士大夫，也就是后来的士族。东汉末的清议以抨击时政为主。《后汉书·党锢传》记：“桓、灵之间，主荒政缪，国命委于阉寺，士子羞与为伍，故匹夫抗愤，处士横议，遂乃激扬名声，互相题拂，品核公卿，裁量执政。”清议直接与当政者的政策相对抗，以致统治者不得不以“党锢”的手段遏制此风。晋代，随着司马氏篡夺帝位，士族兴盛，清议再度兴起。不过，此时清议的内容已由抨击时政变为宣扬礼法，并为士族入仕开辟道路。清议与政权合二为一，由与政权相对抗的舆论工具转而成为维护士族政治的舆论工具。《晋书·刘毅传》记载，在选举中，士族们利用清议“所欲与者，获虚以成誉；所欲下者，吹毛以求疵”，终于造成“上品无寒门，下品无士族”的局面。清议确实是士族政治的利器，它为司马氏的篡位与士族的政治统治立下了汗马之功。

南朝刘宋时，士族在政治上已是大权失落，但在社会上仍受人崇慕。崛起于草泽之中的刘裕，不能不对士族的清议深怀戒意。为剥夺士族的清议权，刘裕采取了“清议入律”的法律手段，即在表面上承认“清议”的权威性，将“清议”入于律中，使之合法化，但实际上却利用政治的权力将清议规范化，剥夺了士族的清议权。刘裕登基时，在大赦令中宣布：“其犯乡论清议，一皆涤荡，与之更始。”（《资治通鉴》卷一一九）表明了皇帝对社会舆论的绝对权威以及对清议所持有的权力。此后，每有赦令，几乎都有“赦免清议”的内容。齐、梁、陈亦沿用此制，并将其入于律中，作“士人”、“禁锢之科”。在频繁的赦令下，清议权渐由士族手中转移到皇帝手中，同时，“禁锢之科”使清议由士族的特权一变而为“缙绅之族”的行为规范。用“清议入律”的手段制约舆论与政权的分离，较东汉末党锢更为有效。它既避免了矛盾的激化，又将舆论纳入了统治者所确立的轨道。

古代的契约

根据文献记载，中国有文字契约的历史可上溯到西周时期。那时契约的使用范围尚处于自发的、不很严格的阶段。随着社会经济的发展和人们财产关系的日益复杂，契约的使用范围不断扩大。对于官府来说，契约除有督导、管制等作用外，又是其进行残酷经济勒索的手段，于是官府创立了“税契”制度和政策，也对契约的使用和发展起到了巨大的推动作用。张传玺在其《秦汉问题研究》中认为，可将中国契约的发展分为四个阶段：

西周、春秋邦国约和万民约并用时期。这时的契约共有三种，借贷契约叫傅别，取予受入契约叫做书契，买卖、抵押、典当契约叫做质剂。

战国至两晋使用私约时期。战国是私人工商业大发展的时期，这时的契约，使用的范围更为广泛，雇佣、土地买卖都用契约。土地契约至少有三种，即买卖契约、租佃契约和遗产继承契约。另外，买卖衣物、布匹，买卖奴婢也都使用契约。

东晋到五代使用文券时期。这个时期，由于纸的发明，契约开始以纸为材料。政府为征收契税，在契约上加盖官印，当时称文券，后代叫红契或赤契。

北宋至民国使用官契和契尾时期。官契是指由官府印制的“官板契纸”，分为两联，正契部分叫“契本”，存根部分叫“契根”；契尾是纳契税后由官府开具的收据。

古代的婚龄

婚龄是指可以结婚的年龄。中国古代一般将婚龄分为订婚年龄和结婚年龄两种。

《太平御览·服用部二十》引《白虎通》说：“男子幼娶必冠，女子幼嫁必笄。”所以，冠、笄年龄实际上就是订婚年龄。据《礼记·内侧》和《穀梁传·文公十二年》等载，加冠的年龄是二十，及笄的年龄是十五，但是，对订婚年龄的礼制规定，古人遵守得并不好，童幼之时便已许婚的现象十分严重。

至于成婚年龄的高低，历代屡有变迁。由于社会经济文化和人类身体素质在不断发展，后世成婚年龄似较前世为低。当然，《大戴礼记·本命》“太古男五十而室，女三十而嫁”的说法，也未必可信。

周代的成婚年龄，前人记述不同。男子三十而娶，女子二十而嫁，是最为通行的说法。降至汉代，早婚的现象极为严重，远比男三十、女二十的说法要低。如汉昭帝八岁时即位，即位一个月，辅政大臣霍光、上官桀就为他立了皇后，是上官桀的孙女，霍光的外孙女，当时只有六岁。北朝更尚早婚，北魏道武帝十三岁就有了明元帝。在文成帝以前，诸王年十五便赐妻别居，其后更低。

北魏之后，早婚之风愈演愈烈。

到了唐初，才稍革早婚之俗。贞观元年（627年），唐太宗诏民男二十，女十五以上，州县申以婚媾，令其好合。然而皇宫内仍有早婚的现象，太宗长孙皇后十三岁即入侍宫中。唐代中期，更明确恢复了早婚的规定。据《唐会要》卷八十三：开元二十二年（734年），玄宗“敕男年十五，女年十三以上，听婚嫁”。安史之乱后，婚姻受战乱的影响，人们的实际婚龄大都推迟。白居易诗《赠友》云：“三十男有室，二十女有归。近代多离乱，婚姻多过期。嫁娶既不早，生育常苦迟。”正是这一时期婚姻状况的实际反映。

宋、明、清律令规定的婚龄，定为男十六以上，女十四以上。当然，人们也没有绝对按这个规定嫁娶，女子的婚龄比十四岁要高。尤其在民间，女子十六至二十而嫁，仍较为普遍。

古代礼法上的成婚年龄，以男高于女为通例。孔颖达说：“男年二十以后，女年十五以后，随任所当，嘉好则成，不必要以十五六女配二十一二男也。虽二十之女配二十之男，三十之男配十五之女亦可也”（《诗经·召南·摽有梅》）。

尽管这样，夫妻年龄相差过大，仍被人们视为不正常的现象。老年男子娶了年轻妻子，人们称之为“枯杨生稊”，还用“一树梨花压海棠”来形容。老年女子嫁与年轻男子，更是违反通常之例，人们常称之为“枯杨生华”，表示极其罕见。但在一些地方民俗中，有以长之女子配少年之男子之俗。

另外，古代婚嫁讲究同胞长幼之序。男的以出生次序婚娶，不得逾序；女的亦以长幼次序成婚。否则，必须用特殊的形式或象征性行为来解除长幼颠例的禁忌。

公证的来历

公证，简单地说，就是由国家作证的意思。我国公证的起源，一般认为晚于西欧约两千余年，以1935年国民党南京政府公布的《公证暂行规则》为起点。其实，我国早在春秋战国时期就已出现了公证的雏形，这个时间至少早于西欧三百年以上。据《周礼·秋官·士师》载："士师之职，掌国之五禁之法，以左右刑罚……凡以财狱讼者，正之以傅别，约剂。""傅别"即合同，"约剂"即券书契约。再据《周社·天官·小宰》载，小宰的一个职责便是听卖买以质剂。据郑玄注，质剂即用于买卖的券书。就是说，如果民间因买卖发生争执，小宰根据质剂来断处。

由上可知，我国在春秋战国时期已广泛实行券书，而券书就是一种法律行为，相当于后来的契约合同之类。值得提出的是，这些券书多由官府所设置的官吏制发，有的还由官府存栏备查。券书既为官府制发，已经包涵某些"公证"之意，客观上都起到了公证的作用。

秦汉两朝，将"质剂"改称"券书"或"书契"，如东汉郑玄在注释《周礼·秋官·士师》时说："若今时市买，为券书以别之，各得其一，讼则按券以正之。"这说明"券书"在汉代仍然是买卖关系成立的合法根据以及诉讼的有效证据，因此，券书在秦汉仍然具有公证的作用。

唐代又将"质剂"称为"券"、"书"、"契券"或"文契"，由市司制发，而且唐律对此还加以明文保护。据《唐律疏议·杂律》载："诸买卖奴婢、马牛驼骡驴，已过价，不立市券，过三日笞三十；卖者，减一等。立券之后，有旧病者三日内听悔，无病欺者市如法，违者笞四十。即买卖已讫，而市司不时过券者，一日加一等，罪止杖一百。"这说明唐代买卖奴婢、马牛等由官府立券是强制性的，违者要受法律制裁，而市司不及时为之券书者，也要受到笞杖之刑。官府制发这种文契的目的虽然在于税收，但同时也起到了公证的作用。

宋代的公证进一步扩及遗产继承。据《名公书判清明集》卷五载："诸财产无承分人，愿遗嘱与内外缌麻以上亲者，听自陈，官给公凭。"又据《后村先生大全集》卷一九三《书判》载：遗嘱必须"经官印押，出执为照"。这与现代的遗嘱公证几乎没有差别了。宋以后元、明、清的律例也对这种税契作了明文规定。如果典卖田宅不交契税，元律规定以刑罚制裁，并追回典卖原价，一半入官府，一半奖给告发人；明清《户律》也有明文规定，如《大清律例》规定："凡典卖田宅不税契者，笞五十，契内田宅价钱一半入官。"这种税契一直延续到民国初期。

古代的告密箱

《汉书·赵广汉传》记载，西汉宣帝年间，颍川郡的强宗豪族相互结亲，勾结官府，并豢养了一批流氓打手，打家劫舍，严重地影响了地方治安。数任郡太守都无法治理。赵广汉任郡太守后，采取离间的方法分化瓦解，收到了奇效。他除了收买豪族了解情况外，还设置“缿筒”奖赏告密者。缿筒是一种瓦质的告密筒，形状如瓶，有小孔投放简牍，可入而不可出。赵广汉接到告密后，削出告密者的姓名，然后散布是某某豪族告发的，从而令豪族之间互相埋怨，互相告发。这样“强宗豪族家家结为仇，奸党散落，风俗大改”。

汉武帝年间，中尉王温舒也曾设置过“缿筒”。史籍记载，王温舒曾置“缿筒”，鼓励告奸。

古代的卧底

逆用犯罪人是指利用犯罪人作为耳目以查清犯罪组织内幕、打击犯罪的方法。早在汉武帝时，义纵为定襄太守，“猬民佐吏为治”。唐人颜师古注：“百姓有素豪猬为罪恶者，今畏（义）纵之严，反为吏耳目，助治公务以自效。”这是中国古代使用耳目的最早记录。

汉武帝时，尹赏任长安令，在打击犯罪集团的首领、惯犯即“魁宿”时，对于偶尔失足、罪行轻微而又愿意改过者，便暂缓追究，责令立功自赎。其中“尽力有效者，因亲用之为爪牙”，即将能为其用的，任为卧底。

据《汉书·王温舒传》，王温舒为广平都尉时，“择郡中豪敢往吏十余人为爪牙，皆把其阴重罪，而纵使督盗贼，快其意所欲得。此人虽有百罪，弗法；即有避回，夷之，亦灭宗”。

汉宣帝时，首都“长安市偷盗尤多”，“百贾苦之”，这里所说的“偷盗”，不是单个活动的小偷，而是以偷盗为生的集团。这些职业偷盗集团的首领，称为“偷长”，一般不直接犯罪，平素多装成温厚长者，常骑着马在市上闲逛，实际上是在指挥数百名小偷行窃。据《汉书·张敞传》记载，张敞担任京兆尹后，很快摧毁了这类犯罪集团，其采用的方法就是利用卧底。张敞在调查了解的基础上，首先把“偷长”找来，但没有关押他，而是委任代为官府的小吏，放了回去，并要求他们配合打击偷盗，“偷长”回到家后，小偷们前来祝贺。“偷长”摆席置酒，招待前来祝贺的小偷。小偷个个喝得酩酊大醉，“偷长”就在他们的衣服上涂红土为记。官府的人在街上等着，出来一个抓一个，“一日捕得数百人”，于是“市无盗贼”。

古代法官的法冠

古代法吏所戴之冠为豸冠。《后汉书·舆服志下》：“法冠，一曰柱后。高五寸，以纚为展筒，铁柱卷，执法者服之……或谓之獬豸冠，神羊，能别曲直。”《唐会要》卷六一《御史台中》：“乾元二年四月六日，敕御史台，所欲弹事，不须先进状仍服豸冠。”唐代诗人岑参在《送韦侍御先归京》诗中云：“闻欲朝龙阙，应须拂豸冠。”豸冠又作“獬豸冠”，其上为断法之神兽獬豸。

古代的讼师

讼师，是以协助他人办理诉讼为职业的人。中国古代之讼师起于何时，并无明确记载可寻，但这一行当在宋代就已大行其道，可见在宋代以前就已有专人从事讼师之职。说到宋代的讼师，据《名公书判清明集》载：“垄断小人，嚣讼成风。实则以钱借公吏，为把持公事之计，及所求不满，则有越经上司，为劫持立威之谋。何等讼师鬼官乃敢如此。”

宋代讼师多开店门，号曰歇家。乡民一入其门，则款之以菜四碟、酒二尊，号曰迎风。于是写状、投文、押牌、发差等事皆代为周旋，告状之人竟不与闻也，及被告状诉亦然。百计恐吓，巧言如簧，原、被告不敢不从。始则乡人行词，终则歇家对矣。结之后，又款之以菜四碟，酒二尊，号曰算账。袖中出片纸，罗列各款杂费，动至百金。无论讼之胜负，歇家皆得甚富，或有倾家荡产、卖妻鬻女以抵者。有时，两造涉讼者，不能直达公廷，而必投讼师，人证之到案不到案，虽奉票传，原差不能为政，唯讼师之言是听，堂费、差费皆由其包揽。其颠倒是非、变乱黑白、架词饰控固不待言，甚至有两造欲息讼而讼师不允，官府已结案而讼师不结，往往有奉断释放之人，而讼师串通原差私押者，索贿未满其欲也。

说到讼师的表现，这里从《清稗类钞》中记取两个实证。

湖南廖某者，著名讼棍也，每为人起诉或辩护，周弗胜。某孀妇，年少欲再醮，虑夫弟之掯阻也，商之廖，廖要以多金，诺之。廖为之撰诉词，略去："为守节失节改节全节事，翁无姑，年不老，叔无妻，年不小。"县官受词，听之。

苏州有讼师曰陈社甫，其乡人王某富而懦，尝以金贷一孀，久不偿。遣人召孀至，薄责之，孀愧愤，夜半缢于王门。时适大雷雨，故不闻声，比晓始觉，惧而谋诸陈，陈曰："是须酬五百金，乃可为若谋。"王曰："诺。"陈曰："速为之易履。"王谨受教。陈振笔作状，顷刻千余言，中有警句云："八尺门高，一女焉能独缢？三更雨甚，两足何以无泥？"官为所动，以移尸图害论，判王具棺了案。

似以上记述讼师的实例还很多，可见中国古代之讼师多被描写成贪婪、冷酷、狡黠、奸诈的形象，民间对讼师亦多鄙视。

死刑择时

死刑是剥夺生命的刑罚，施刑部位几乎全在头部。人没了脑袋，地球上自然也就少了一条活鲜鲜的生命。执行死刑的时间，从古到清大都定在秋后，《国礼》中刑官的名称就叫秋官。秋为万物肃杀收敛之时，天子设秋官主刑，取肃杀之意。《左传》中就有“赏以春夏，刑以秋冬”的说法。处死犯人是在执行“天罚”，什么时间执行天罚，也要合乎天意。起源于周朝的“协日刑杀”就是指刑杀要选择适合的日期。《礼记·月令》记载，孟秋之月凉风至，白露降，寒蝉鸣，鹰乃祭鸟，始行戮。仲秋之月乃命有司，申严百刑，斩杀必当，毋或枉桡，枉桡不当，反受其殃。季秋之月乃趣狱刑，毋留有罪。孟秋、仲秋、季秋，各为农历的七、八、九月，是秋天的三个阶段。七月，是一年之中开始“行戮”的时间，不得有丝毫的懈怠；八月，可以大兴杀伐，但要斩杀必当，违法曲断或有理不申，都是不允许的；九月是杀戮扫尾的月份，要求毋留有罪。

除了在季节选择上有秋冬两季的选择外，刑杀的具体日期一般选在“望后利日”。“望”是月亮最圆的日子，“利”的本意是吉利日，就是在每月农历十五、十六以后的适当日子。在望日之前，是不准刑杀的。至于行刑的具体时辰，若白天行刑必须到午时，夜间则要等到天明。秦朝名相李斯被赵高诬陷，就是在秦二世二年七月二十三日午时被腰斩于咸阳闹市中心的。

恤刑慎杀

唐初的统治者对刑罚的运用，特别是对死刑的运用持慎重态度。贞观元年，唐太宗亲自规定“自今以后，大辟罪皆令中书、门下四品以上及尚书九卿议之”(《贞观政要·刑法》)，始创我国封建司法制度中的“九卿议刑”制度。贞观五年，太宗又下令：“凡决死刑，虽令即杀，仍三复奏”，即死刑判决后，行刑前须向皇帝奏请三次。其后不久，太宗感到三复奏依然过于仓促，又改三复奏为五复奏，确立了对死刑的判决、推勘、复核的严格控制程序。司法官吏如有违犯，依律受惩。后来，太宗又根据执法中出现的“有司断狱，多据律文，虽情在可矜，而不敢违法”的情况，感到“守文定罪或恐有冤”，亲手下诏：“自今门下省有据法合死而情在可矜者，宜录状奏闻(《贞观政要·刑法》)，”即要求官吏在审理死刑案件时须特别谨慎，不仅要据法，而且要循“情”做全面分析，不可怠忽从事，轻率擅断。

为了防止冤滥，提高断案的准确性，唐初统治者还要求司法官吏严格依法办案，规定“诸断罪，皆须具引律、令、格、式正文”（《唐律疏议·断狱》）。

唐初司法领域中所建立和实行的这些制度、措施以及统治者对治狱断案的各种要求，对限制官吏的专擅武断、任意出入人罪起了重要作用。史籍中有关于贞观四年“断死刑，天下二十九人，几致刑措”的记载，这类记述虽不免有史官的溢美、粉饰之词，但多少可以说明唐初统治者在司法上力行“恤刑慎杀”，确实收到不小成效。

用刑宽简

唐代初期，统治者以史为鉴，锐意改革，摒弃“恃诈任力，苛制烦刑”的统治手法，力行“德政”、“礼治”、“仁义教化”，在法制上突出用刑宽简。

李唐王朝建国伊始，统治者便已具备了“以宽仁治天下，而于刑法尤慎”（《旧唐书·刑法志》）的思想认识。在此后不久展开的大规模修订法律的活动中，他们又将“明慎用刑”的思想进一步具体化，明确提出了很多“删繁除苛”、“用法务在宽简”的主张。武德二年修律时，高祖李渊就以“务在宽简，取便于时”作为指导思想，选择了科条较为宽舒简约的隋《开皇律》作为蓝本。高祖还特别指示修律大臣：以往相承下来的法令“多为隐语”，很容易被执法官吏缘断舞弄，应当重新刊定，所修订的法律务要简明易懂，使人共解。在这些思想指导下修成的武德律令，“尽削大业烦峻之法”，这是唐初在删削前代苛法、约法省刑方面迈出的一大步。

太宗李世民即位后，仍以“旧律令重”而对《武德律》进行了重大修改。他认为：“死者不可复生，用法务在宽简”（《贞观政要·刑法》），因此，进一步删减旧律中的死刑，对其他罪也尽量变重为轻。开始时，太宗同修律大臣曾议将“绞刑之属五十条”改为断右趾，使应死者“多蒙全活”。之后不久，他们又感到“前代不行肉刑久矣”，增断趾法等于恢复肉刑，遂废断趾法改为加役流，另又删去“兄弟连坐俱死”之法。经过此番删烦除苛之后，“比古死刑，殆除其半”。据史籍记载，历十年而成的《贞观律》“比隋代旧律，减大辟者九十二条，减流入徒者七十一条……凡削繁去蠹，不可胜记”（《旧唐书·刑法志》）。为了修成唐一代律、令、格、式，太宗曾多次指示，“国家法令，惟须简约”，不要一个罪规定数种条文，格式一多，“官人不能尽记，更生奸诈”。修订律令时，一定要详细审定，不要使条文重复或相互矛盾。为了不使法律杂乱无章，太宗还认为应当保持法律的相对稳定性和连续性。他告示臣下，立法一定要谨慎，“不可轻出诏令”，必须审定，以为永式。法令一经颁布，“行之在久，久则信”。如果法令“数变”，就会失信于民，而且还容易生出“前后差违，吏得以为奸”等许多弊端。所有这些，对唐初的立法活动都起到了直接的、重要的指导作用。

南山可移　法不可改

唐朝开元年间，正是太平公主一度得势的时候。当朝的大小官吏无论办什么事，都“顺望风指”，就是都要看看太平公主的颜色，辨辨风头，看风使舵，讨得欢心。

有一次，为了争一盘水磨，太平公主和老百姓发生了纠纷。这盘水磨本来是民间共有的，可是因为安装水磨的那条渠道的水利好，太平公主的家人就要霸占过去。老百姓纷纷到府里控告。雍州司户参军李元纮受理了案件，过堂问话完毕后，按情理判决将水磨发还百姓原主。

州里的长史窦怀贞见李元纮作如此判决，不免大吃一惊，心想，太平公主在当朝最有权势，讨好她都来不及，谁敢去得罪她呢！于是提笔把判决改了。

李元纮一看长史窦怀贞把判决改了，就对窦怀贞说：“长史，这个案子经下官详勘，当堂两造也各自作了申辩，下官据实判决，不知长史为何又改了判决？”

窦怀贞言道："参军少有所知，这太平公主是本朝圣主之后，莫说是这磨盘，就是再贵重千倍、万倍的珍奇器物，公主想要，谁不乖乖地奉送上去。参军把磨盘发还原主事小，若是公主得知，怪罪下来，你我官卑职小，可是抗不起的呀!"

李元纮听罢哈哈笑道："既然如此，那么下官不便再更改原判了。"于是命差役取来文房四宝，自己提笔在手，在判决书的后面写上两行大字："南山可移，法不可改"，李元纮坚决维持了原判。

历代酒禁

在我国历史上，因为各种原因，时常出现饥荒。这一方面是由于水旱灾害的影响，但因制酒和制糖而导致粮食的大量损耗，也是一个重要原因。尤其是在饥馑之年，这种情况更加突出。因此，自汉以降，代有酒禁。

汉景帝三年夏旱，禁卖酒，至后元年夏始恢复，凡五年；武帝天汉三年实行酒专卖，昭帝始元六年废除；后汉和帝永元十六年，兖、豫、徐、冀四州水灾，禁卖酒（不见开禁之日）；顺帝汉安二年又禁卖酒；晋孝武太元八年，开酒禁（不见始禁之年）；安帝隆安五年，岁饥禁酒；后赵石勒以百姓始复业，资储未丰，于是重制禁酿；宋文帝元嘉十二年六月禁酒，二十一年正月复禁酒，二十八年八月开酒禁；唐高宗咸亨元年，因谷贵而禁酒；肃宗至德三年，因岁饥禁酒，直到麦熟之时；宋明帝时，岁旱人饥，颜峻上言禁酒一月，由此而省米近万斛。

丁忧与守制

什么是丁忧呢?《尔雅·释诂》："丁，当也。"《日知录·期功丧去官》注：

“古人凡丧皆谓之忧。”可知丁忧是值丧、居丧的意思。丁忧一词源于《书经·说命》中的“王宅忧”。王宅忧就是商王居父丧。宅忧即丁忧。古时候，不管是兄弟丧、姊妹丧，还是从父母丧、从兄弟丧，都可以称之为“忧”。只是到了后来，丁忧才特指遭父母丧或承重祖父母丧（所谓承重，是指死去祖父母的长房长孙）。

《日知录·奔丧守制》上说：“《记》曰：‘奔丧者自齐衰（丧服）以下。’是古人于期功之丧无有不奔者。”“期”，指一年的丧服，可见古人遇有祖父母丧、伯叔父母丧、兄弟姊妹都要奔丧。陶渊明《归去来辞》自序“寻程氏妹丧于武林，情在骏奔，自免去职”即是一例。后来又将奔丧限制在期服（即一年的丧服）的范围之内。至明朝洪武二十三年（1390年）四月才废除了期年奔丧的制度，认为祖父母、伯叔父母兄弟均为一年的丧服，如果都让奔丧守制，有的一个人连遭数丧，或者道路数千里，那就会导致居官日少，更易频繁，旷官废事，于是决定“今后除父母及祖父母承重者丁忧外，其余期服不许奔丧。”自此以后，相沿成习，奔丧丁忧仅限于父母丧或承重祖父母丧。

那什么是守制呢？所谓守制乃是指遵守居丧的制度，其主要内容是：

一、一般要谢绝应酬事务，做官的则要解除职务，在家守孝二十七个月（不计算闰月）。

二、禁止婚娶。丧中婚娶被认为违背礼制的。在王公贵族、士大夫阶层中，因丧娶违制而受到处罚的事屡有发生。唐代《东观奏记》中记载了这样一个事例：“大中朝，有前乡贡进士杨仁赡女弟出嫁前进士于環。纳函之日有期丧，仁赡不易其日，宪司纠论，贬康州参军，驰驿发遣。”

三、禁止饮宴。在居丧期间因宴饮而被责罚的事例也不少。如唐宪宗元和九年（814年）四月癸未，陆赓故世，其子慎余、其兄博文在居丧期间着华丽的衣裳穿街过市，并饮酒食肉，结果都被打了板子，慎余流放至循州，博文被递解原籍。

四、禁止赴考。起初限制极严，即使是缌丧（是五服中最轻的一种，仅三个月的丧服）也不准赴考。宋天禧年间，举人郭稹冒缌丧赴考，被同辈告发，被交付御史台劾问（见《日知录·缌丧不得赴举》）。到了明朝限制放宽，除了服三年之丧的不得赴考外，余者皆不限。

丁忧与守制是古代丧葬仪礼的一个组成部分，是封建时代统治阶级提倡所谓的“孝道”的一个具体体现，并受到法律的制约。

五复奏

唐太宗贞观五年，相州地方有一人名叫李好德，因为胡言乱语，触犯朝廷。太宗下诏书，以妖言惑众的罪名将他下狱审问，掌管折狱详刑的大理寺丞张蕴古奉命承办这个案子。

经过一番调查审问之后，张蕴古向太宗奏报，李好德患癫狂病，是个疯子，依律不能定罪。太宗听了张蕴古的意见，恩准将李好德无罪释放。之后，张蕴古便把这个消息通报给李好德，并和他在狱中下棋取乐。不料，这件事被治书侍御史权万纪知道了，他向太宗劾奏张蕴古把圣旨泄露给犯人，并与犯人下棋取乐，说张蕴古“情在阿纵，奏书不实”，是为了包庇李好德，给皇帝写了一份假报告。太宗听了不禁大怒，立刻下令将张蕴古抓起来，在东市杀了头。

唐太宗平静下来之后，觉察到自己的做法有些轻率。他想，尽管张蕴古把自己的旨意泄露给囚犯是违了法，但是按唐朝的法律规定，无论如何没有犯死罪，怎么能杀头呢？太宗知道自己枉杀了一个大臣，非常懊悔。这天上朝，太宗先是就枉杀张蕴古这件事作了一番自我反省，然后批评大臣们说：“众位卿家领了皇家的俸禄，凡事应当替朕分忧，事无巨细，都应当留意。可是，现在是朕不问你们，你们也不说，见事都不谏诤，你们对朕有什么辅佐教正呢？比如张蕴古身为法官，和囚犯一起下棋，泄露朕的旨意，这个罪状是很严重的。然而，若是根据本朝律例，怎么也不至于处以极刑。朕当时盛怒之下，下旨处斩。众位卿家竟没有一个人站出来说话，主管的司法官又不复奏，结果把人杀了，哪有这样的道理啊！”为了避免再发生类似错误，太宗决定今后凡判处死刑的，在处决人犯之前，皆须“五复奏”。本来唐朝有一个死刑“三复奏”的制度，这次太宗又提出要“五复奏”，以示更加慎重。所谓五复奏，是在行刑前两天、前一天各分别复奏一次，处决犯人当天再复奏三次，大臣们有什么不同意见都要如实奏上来，皇帝也能反复审查，防止冤滥。

一兔走而百人逐

《慎子·内篇》有：

今一兔走，百人逐之，非一兔足为百人分也，由未定。由未定，尧且屈力，而况众人乎！积兔在市，行者不顾。非不欲兔也，分已定矣。分已定，人虽鄙不争。故治天下及国在乎定分而已矣。

这则典故是说：现在有一只兔子在田野里奔跑，有成百的人在后面追赶，并不是说，一只兔子可以分给一百人，而是因为其所有权没有定下来。所有权没有定下来，就是唐尧这样的圣王也没办法解决，何况是一般群众呢！成群的兔子堆积在市场上，行路的人都不去看它们一眼，这并不是人们不愿意得到兔子，而是因为这些兔子已经有了主了。所有权已经确定下来了，有的人虽然品性粗野也不会再去争执了。所以统治天下和国家，就在于定名分罢了。

这则典故说的是，通过制定法令确定土地财产的所有权，是“民之命也，为治之本也”，这是中国古代封建制度转型期由领主经济过渡为地主经济进行财产再分配的反映。

侵官之害甚于寒

这则典故出自《韩非子·二柄》：

昔者韩昭侯醉而寝，典冠者见君之寒也，故加衣于君之上。

觉寝而说，问左右曰："谁加衣者?"

左右对曰："典冠。"

君因兼罪典衣与典冠——其罪典衣，以为失其事也；其罪典冠，以为越其职也。

非不恶寒也，以为侵官之害甚于寒。

以上是说，从前，韩昭侯喝醉了酒，昏睡在床上，典冠见到君王要着凉，便加了一件衣服搭在君王身上。

韩昭侯睡醒了觉，很是高兴，便问旁边的侍从们说："是谁替我加的衣服?"

侍从们回答道："是典冠。"

韩昭侯听后，却立即把典衣和典冠一并办了罪——他之所以惩罚典衣，是由于他失了职；他之所以惩罚典冠，是因为他超越了职权。

韩昭侯并不是不怕寒冷，而是认为侵犯职权的害处要比寒冷更严重。

典冠为君加衣，是出于好意，可是为此而受到责罚，这似乎违反了常情。虽拂于情，却依于法。做了好事，尚且受到责罚，可知"无赦罚"、"诛必行于有罪"，绝不是空话。总之，一切都要"轨（符合）于法"，这是韩非的着眼点。通过韩非的描述，韩昭侯那种"轨于法"的精神，在我们建立社会主义法制的今天，是值得借鉴的。

第三编 案例典故

以城易囚

战国时期，卫国国君卫平侯死后，儿子卫嗣君继位。当时卫国有个囚犯逃到魏国去了。因该犯颇懂医道，魏国国君惠王就把他留下，让他给王后治病。

卫嗣君听说囚犯逃到魏国，就派使节前往魏国，请求用一百斤黄金换回囚犯。魏王不肯换。为此，卫国使节往返五次，魏王还是不肯放人。

卫嗣君又准备用卫国的城邑左氏去交换囚犯。左右群臣纷纷进谏："用这么大一个城邑去换区区一个囚犯，值得吗?"卫嗣君说："国家不在大小，而在法治。如果法治严密，老百姓都知法守法，即使三百家的小国，也能强大起来。虽然失去了一个左氏城，但对国家不会有太大损害。反之，如果法治不立，逃亡不诛，即使有十座左氏城，又有什么用呢?"

魏惠王听到这个消息，说道："别国国君决心要做的事，我们如果拒绝了，恐怕不好。"就用囚车押着囚犯，送还给了卫国。

何武断剑

西汉时候，沛郡有位富翁，家产二十余万。这位富翁的妻子去世了，只有一个三岁的男孩和一个不怎么贤惠的女儿。

富翁病危时，恐怕女儿争夺财产，儿子保不住性命。于是召唤族人在一起，作了遗书：决定把全部财产都交给女儿，只留下一把宝剑，说等到儿子长到十五岁时再给他。儿子长到十五岁了，但女儿却不肯给他宝剑。于是，儿子到郡府那里去申诉。

当时的太守是司空何武。听了儿子的陈述以后，何武又讯问了女儿和女婿，审阅了遗书，然后对左右的吏员说："这个女儿性格强硬，女婿又见识短浅，贪好钱财。富翁担心他们会加害小儿，即使小儿当时得到财产，也不能把财产全部保护下来。所以暂且把财产交给女儿，让她得点好处，其实只是暂时寄放在她那里罢了。这把剑表示要决断这件事情；规定十五岁，是考虑到小儿的智力已发育到足以自立的程度。富翁当时就估计到女儿、女婿必定不肯把剑还给小儿，这样就会把事情弄到州县官那里，如果遇上清廉的官吏，也许能明白他的用意，使道理能够伸张，问题得到解决。像女儿、女婿这样凡俗庸鄙的人怎么能考虑得如此深远呢！”

于是，把全部财产从女儿那里夺过来，交给儿子，并对他们说：“让你们这样的坏女恶婿温饱了十年，已经足够你们走运了！”议论此事的人都觉得何武分析正确，处理得当，个个都心悦诚服。

焚猪验尸

张举是三国时吴国人，在他出任句章县县令时，有一个妇人杀死了丈夫，然后纵火烧毁房舍，声言“火烧夫死”。夫家对此产生怀疑，跑到县里告状，说是妇人杀害了丈夫，妇人不服。于是张举要来两头猪，一头当场杀死，另一头用绳索捆绑起来，同时把这两头猪放进干柴堆中，点火燃烧，结果发现活猪的嘴里有灰，死猪的嘴里无灰。然后检验男子的尸体，发现死者口中无灰。再来审问，妇人只好低头认罪。此案为古代侦查试验的典型案例。

两父争儿

北魏李崇在扬州当刺史时，管辖区内有个叫苟泰的老百姓，他三岁的儿子忽然失踪了。后来发现这个孩子在郭奉的家中，但郭奉说那是自己的儿子，并且有邻居作证。官司从县里一直打到郡里都不能决断。

李崇命令两个当父亲的和儿子各自分开监禁几天，然后突然打发一个官吏去对他们说："那个儿子已得病死了，你们都到外面去号哭吧！"苟泰一听，悲伤得很，几乎痛不欲生，可是郭奉却只是唉声叹气罢了，没有半点悲痛的表情。这时，李崇就把儿子交还给苟泰带回家去。

妄认死尸

北魏李崇任扬州刺史时，审理过这样一件案子。

定州的解庆宾兄弟俩人，因犯法被流放到扬州。弟思安为了逃避劳役潜逃了。兄庆宾惧怕以后再摊派劳役时让他承担弟弟的一份，于是图谋将弟弟的名字从名册上除掉，冒认城外一具尸体，诈称其弟被人杀害，将尸首迎回来埋葬了。尸首很像思安，人们都看不出真假。又有一巫婆杨氏自称见到鬼，说思安被害时如何痛苦、饥渴。庆宾又诬陷弟弟同军的士兵苏显甫、李盖是杀人犯，告到州府。苏、李二人经受不住严刑拷打，各自承认他们杀害了解思安。

将要结案时，李崇产生了怀疑，把案子停下来。他密派两名本州无人认识的人，伪装从外地来此，去告诉庆宾说："我们住在本州，离这里有三百里路。不久前，有一个人路过借宿，夜晚从他谈话之中，发现他有可疑之处，便立即追问他。他说自己是被判处流刑逃避劳役的人，姓解叫思安。当时，我们要扭送他到官府，他苦苦哀求，并说：'我有一兄长庆宾，现住在扬州相国城内，嫂嫂姓徐。如果您有怜悯之心，前往报告，将我的遭遇一一告诉家兄，他将不惜家产，重重地谢你。现在你把我留下作为人质，如果去了得不到酬谢，那时再把我送往官府也不晚。'因此我们来拜访你，说明这个意思。你打算出多少钱酬谢我们，好放走你弟弟？若是不信，可一同前往观看。"解庆宾听说之后，怅然失色，求报信的人稍等待一下，立即准备礼物相谢。此人即将此事报告给李崇。李崇逮捕解庆宾时审问道："你的弟弟逃跑了，为什么妄认他人尸体？"庆宾只得认罪招供。再问苏、李二人，他们承认自己招了假供。数日之后，思安也被拘捕归案，李崇招来巫婆，鞭打了她一百下。

刀鞘得贼

北魏司马悦任豫州刺史时，处理过这样一个案子。

汝南上蔡有一人名叫董毛奴，身上带有五千钱，死在路上。郡、县审理此案时都怀疑他是被一个叫张堤的人劫杀的，他们在张堤家里搜到了五千钱。张堤惧怕拷打，承认是他杀的。

此案转到州里之后，司马悦察言观色，仔细审讯，怀疑有问题。于是找来董毛奴的兄长董灵之问道："强盗杀人拿钱时，一定会仓皇失措落下东西。此贼可曾落下什么东西吗？"董灵之回答说："捡到一个刀鞘。"司马悦拿起刀鞘细看，说道："这个刀鞘不是市面上所作。"便召集州城的刀匠辨认。有一个叫郭门的人前来报告："此刀鞘是我亲手做的，去年卖给了城外的董及祖。"司马悦将董及祖捕来审问："你为什么杀人抢钱？这是不是你丢下的刀鞘？"董及祖只好招认。董灵之又从董及祖身上认出董毛奴所穿的黑色短袄一件。董及祖不得不认罪伏法。

从事对尸

隋朝有这样一件事，有个商人在外面做生意回家，看见自己的妻子被强盗杀死，肢体都在，却不见头。他既悲伤又害怕，马上告知他妻子娘家的人。娘家人急忙拉着他一同见官。在狱吏的严刑拷打下，他没办法说清问题，又受不了拷打的痛苦，就被迫承认妻子是他自己杀的。这样案子就算认定了，大家也都以为不错。

郡主把此案交给从事处理。从事深表怀疑，不肯轻易作出判决。他对郡主说："我既然占据着幕僚的席位，尽管滥竽充数，也应该竭力做好自己的本分工作。人死不可复生，万一有冤枉，你这掌管刑罚的人要追悔也来不及了！这个案件请务必缓一缓，把案情彻底查清后再作处理。况且从情理上讲，做丈夫的怎么就能忍心杀死自己的妻子呢？就是有什么仇怨要害死她，也必定要想出个脱祸的计谋，或者推托病死，或者借口暴亡，而不会把尸体留着，头颅丢掉。这个道理是很清楚的。”郡主觉得从事言之有理，同意他进行复查。

从事于是另外选了一座房子，当作临时监牢，并慎重挑选参加审讯的官员，细心地审问那个囚犯。还发给囚犯酒食，让他洗澡洗头。这座房子大门上锁，墙上安棘蒺，不让里面的情况泄露出去。同时，从事又叫检验尸首、办理丧事的差人将最近替人家埋葬死人的情况写成书面报告，然后又当面一一盘问：“你们给人家办理丧事的时候，有没有发现什么可疑的事情？”有一个人说：“我在一个富豪人家办丧事，说是死了一个奶妈。五更初，把棺材抬过墙头，觉得很轻，就像里面没有装死人一样。那棺材现埋在某地。”从事立刻派人去把坟挖开，果然找到一个女子的头。将这颗头配着那具尸体，叫被关着的商人来验认，他说：“这不是我的妻子。”于是把那户富人捉来审问。原来他杀死了一个奶妈，把奶妈的头装在棺材里埋葬了，而将尸体冒充商人的妻子放在商人家中，却将商人妻子养在自己的私房里。案情大白，判处富人死刑，在集市上当众执行。

觇情释冤

唐朝贞观年间，有一天，卫州版桥客栈老板张逖的妻子回娘家探亲，适巧魏州三卫杨正等三人到客栈投宿。次日五更时刻，他们就启程赶路了。

就在这天夜里，有人用杨正等人的腰刀把张逖杀死，而后又把腰刀插进刀鞘之中。天亮以后，客栈的伙计发现老板被杀，立即追赶杨正三人，一看到他们的腰刀上沾满血污，马上把他们扭送官府。杨正等被关进监牢，受到严刑拷问，被迫承认自己犯了杀人的罪行。

唐太宗对这起案件有些怀疑，派遣御史蒋常对案件进行复查。蒋常抵达卫州，把客栈中年龄在十五岁以上的伙计都集中起来，加以审讯，但由于人没有全部到齐，决定延期审理，把众人放回，唯独扣留一个年逾八旬的老太婆，直到傍晚才放她回家。同时派遣狱典在暗中对她加以监视。蒋常对狱典说：“如果有人找这个老太婆问话，你就把他的姓名记下来。”果然，有个人跑来问老太婆：“御史大人是怎样讯问的?”一连三天，都是这个人向老太婆刺探消息。蒋常获悉这一情况，决定将此人逮捕。经过审讯，此人承认与张逖的妻子通奸，因而把张逖杀死。罪证确凿，于是杨正等三人得以获释。

行岌访妾

唐朝武则天时，有人诬告驸马崔宣犯了谋反大罪，武则天命令侍御史张行岌审理这个案件。

原告发者用诱惑手段把崔宣的小老婆藏了起来，还诬告说：“崔宣有个小老婆，准备检举崔宣谋反的阴谋活动，被崔杀死，尸首扔进洛水去了。”张行岌经过审理，并没有发现证据。武则天大怒，要他重新审理。张行岌坚持自己的看法。武则天说：“崔宣犯了谋反罪是十分清楚的，你想宽纵他吗？我叫来俊臣复审，你不要后悔。”张行岌说：“臣审案赶不上来俊臣，但陛下把这个案子交给我审理，我就应该查明实际情况。如果顺从您的意见而无辜陷害了平民，岂是法官所应当做的事情！我以为陛下这样说只是想试试我罢了。”武则天厉声说：“崔宣的小老婆如果还在，谋反不谋反自然就说清楚了，不找着这个人，怎么能证明他冤枉呢？你复审不成，我就命来俊臣审理，你不要后悔。”张行岌害怕了，逼着崔宣家里的人寻找小老婆的下落。

崔宣的堂弟思竞出了许多钱，在中桥南北募人寻找隐藏的人。过了许多天，还是一无所获。可是崔宣家中每次悄悄商量的事情，监狱中的告发者往往马上就知道了。思竞猜想，可能是家中参加商量的人传出去的。于是，他假装同崔宣的妻子说：“需要三百匹绢，雇个侠客把告发的人杀掉。”商议完了，天也就渐渐亮了。思竞换上别的衣服，在御史台衙门旁边看。崔家有个姓舒的馆客，婺州人，平时言行检点，没有什么不当的地方，所以得到了崔宣的信任，一直把他当成子弟看待。思竞看见姓舒的馆客来到御史台，贿赂看门人给监狱中的告发者通消息。告发者急忙报告狱卒："崔家要雇侠客杀我，请赶快报告给长官。"御史台中一片惊慌。思竞平素很看重这个馆客，馆客没想到思竞怀疑他。思竞秘密跟随馆客到了天津桥，大骂说："你若陷害崔宣，我就揭发你与崔宣合谋，你能有什么办法洗清冤枉！你最好是把崔家的小老婆交出来，我给你五百缗钱，回去够你过一辈子了。不然就杀死你！"馆客又是惭愧又是感谢，马上引着思竞来到告发者的同党那里，把崔宣的小老婆搜了出来。于是崔宣得免于祸，诬告者服罪。

德裕摸金

唐朝时候，李德裕出任浙江西路的观察使。有个甘露寺的主事僧前来控诉：交接寺庙的财产时，前任主事僧私吞了黄金若干两。并拿出从前数任主事僧递相交接财产的文书作为证据。但是，其余的和尚却都说是这个主事僧自己把黄金隐藏起来，私自花了。经过审讯，案子已定，原告服罪，但是没有弄清私吞黄金的开销情况。有人解释为该主事僧不遵守僧规，在外面胡作非为，把金子花掉了。这样他就无理可说，只好等死。

有一天，李公在复查案卷的时候，觉得这个案子还不太清楚。于是询问新任主事僧。新任主事僧对他讲了全部实情："在庙里做和尚的人都乐于掌管庙务。前后数任的主事僧，多年以来，都是空交黄金若干两的文书，其实没有黄金。大家也心照不宣，没有异议。只是因为我处境孤立，不同流合污，他们想乘这个机会排挤我。"说完眼泪直流，不胜冤屈。李公可怜他说："这件事不难弄清！"说着低头沉思了片刻，猛一抬头道："有办法了。"他马上叫来便轿数乘，命令有关联的和尚前来对证，并一律都坐轿来。和尚们进入官府以后，不让他们互相见面。却拿来一些黄泥，叫他们做出前后交接的黄金的形状，以作为证据。因为本来就没有交接黄金，和尚们根本不知道它的形状。所以做出来的黄金模样，也就各不相同。李公大怒，命令把和尚们交付审讯。于是前数任主事僧一一服罪，而他们所排挤的新任主事僧获得昭雪。

探情雪冤

汧国公李勉镇守凤翔时，原县有一个农夫从地里挖出一陶罐“裹蹄金”，送到县里。县令怕公家收藏不严，容易丢失，就把它藏在自己家里。第二天打开陶罐一看，都是土块。罐子出土的时候，村里的老百姓都曾看见，现在听说金子忽然变成了土块，大家很惊奇，把这件事报告到凤翔。县令无法辩白，只好承认自已偷换了罐里的金子。有了服罪的口供，但追问不出金子到底藏在什么地方。

案子报上去之后，李汧公看过大为发怒。接下来的一次酒宴上，汧公说起此案，人们也都很惊讶。这时，袁滋在街门里当僚属，只他一人低首不语，似有所思。汧公便问袁。他说：“我怀疑县令有些冤枉。”汧公说：“您一定有高见。此案，除您之外，别人判断不出真假。”袁滋说：“可以，我来办。”于是就将案件提到凤翔府办理，袁打开陶罐，见其中有“裹蹄金”二百五十余块的字条，就到市上找了许多金子，熔铸成块，与罐中的“裹蹄金”大小相等。铸成之后，用秤称。刚称了一半，就有三百斤重。袁问当初罐子从乡间运到县衙时是几个人抬的。原来是两个农夫用竹扁担抬来的。计算一下金块的数目，不是两个人用竹扁担抬得起来的。一切都明白了，原来在路上金子已经变成土块了。众人恍然大悟。县令的冤案得到了昭雪。

平反诬陷

唐代崔碣任河南尹，“惩奸剪暴”，“为天下吏师”，曾经平反过这样一宗诬陷案。

洛阳地方有一个商人名叫王可久，经年累月到各地做生意，赚了不少钱。这一年，他在湖南、湖北一带做完生意，正要回家，经过徐州，恰巧遇上庞勋造反，交通隔绝，羁留在当地，眼看着预定回家的日子过期了，还是归去不得。王可久久出不归，妻子十分惦念，几次花巨款雇人到战乱地区寻找，始终没有打听到丈夫的下落。又有传闻说王可久被庞勋部下杀死，货物也被抢去了。妻子将信将疑。

当时，洛时有个著名的卜卦先生名叫杨乾夫。一天，王可久的妻子带了一匹绢到他那里去问丈夫的凶吉。杨乾夫一心想骗女人的钱财，就装腔作势，占卜既毕，对她说："看这个卦象是人早已断气啦！瞧这卦象是一坟堆的形状。"王可久的妻子急得号啕大哭。杨乾夫道："大嫂今日来得晚了，所以卜算得不太准确，改日你早点来，我再好好算一卦。"过了几天，王可久的妻子又去算了一卦，杨乾夫道："卦象是跟上次的差不多。占卜算卦的神差鬼使，一点不假，看来王大哥是生还无望了。"王可久的妻子听了，正放声要哭，杨乾夫忙劝道："大嫂你先别哭，人逢丧事，哭也有一定规矩，最好是选个吉日，做做法事，替在阴间的王大哥祈求冥福，那时再举哀不迟。王可久的妻子听了，觉得是个道理。心想自己是个女流之辈，死了丈夫十分悲哀，做法事也很不便，就提出请杨乾夫帮忙，杨乾夫满口应承。

法事做完，王可久妻子向杨乾夫道了谢，闲谈时，杨乾夫劝说道："眼下盗贼四起，你家钱财又多，寡居生活，困难不少，不如改弦更张，另找一个安身之处。"王可久妻子听了很不愿意。杨乾夫说："不才所言，大嫂切勿介意。"言罢告辞而去。

此后，王可久的妻子安分守己，足不出户。隔了一些日子，晚上有人到王家来扔石头，砸门砸窗户，白天也常听说强盗抢劫的传闻。王可久的妻子害怕极了。正在这时，有媒婆来为杨乾夫说亲。王可久的妻子觉得此人还很重情义，于是就答应了。原来什么扔石头、砸窗户、声张强盗抢劫的事，都是杨乾夫的手段，逼她走进圈套里来。杨乾夫人财两得，居然成了财主。

第二年，庞勋失败，王可久得以脱身，但是穷困潦倒，一路乞讨回家。王可久到各处乞食打听。有人认识他，便指点他妻子的新居。到家一看，已经换了主人，王可久几次前去相认，都被杨乾夫打骂一顿赶了出来，王可久到府里去告状申冤。杨乾夫到衙门贿赂上下，并且逼王可久的妻子证明此人并非自己的前夫。

王可久吃了冤枉官司，还“以诬人之罪”在衙门挨了一顿棍子，被驱逐出境。不久洛阳来了一个新府尹，王可久又上了血书申诉。过去受过贿赂的官吏，就对新府尹说：这个人竟敢告前任府尹的状，他犯的是诬告罪，按照唐律，应该送往远处发配。于是他们把王可久强行发配。在充军的地方，狱卒总是派王可久干重活，不久，他的眼睛出血，双目失明了。

崔碣在任河南尹之前，早就听说过这起案件的前因后果，知道这是一起冤案。“天启良便”，吏部点了崔碣任河南尹，他到任后，打听到王可久已经瞎了。他就下令，查封杨乾夫的产业，让王可久出来认家财。倘若瞎子能够一一点明财物，就足以证明这家产原来就是他的。王可久虽然眼睛瞎了，但对自己家中原来的衣物器具，都心中有数，一清二楚，一五一十报告出来，经过查对，果然不错。崔碣见人证、物证俱全，对王可久的案子重新作了判决，一时人心大快。

明折投毒

河中府有个录事参军，名叫宋儋年。有一天，宋参军在宅中大宴宾客，散席后，过了一阵便连声喊叫肚子痛，当晚就死了。

河中府太守范纯仁怀疑有人下毒，就下令检验尸体。仵作验尸完讫，呈上尸单。范太守见上面写道：“死者九窍流血，肌肤紫黑，显是中毒身亡。”这时参军太太出首告发说，参军的小妾与一个门客有私情，很可能是他俩谋害的，于是就将二人拘捕。

范太守派了一个手下的官员负责审讯，两人供认了毒杀宋儋年的事实。当追问如何下毒的情节时，小妾又供出是把毒药下在清蒸甲鱼这道菜里，宋某是食后中毒身死的。案件审结后，范纯仁又亲自仔细地复查案卷，发觉其中颇有疑点。范太守问经办此案的吏员说：“清蒸甲鱼是第几道菜？”

吏员答道："是第四道菜。"

范太守道："客人吃没吃这着菜?"

吏员说："都吃了。"

范太守说："这种毒药，吃了之后，毒性便会发作。宋参军岂能于席散后毒发身亡呢？再说，众多宾客都吃了这菜，怎么无一中毒的呢？可见犯人所供，其中必有原因。"

吏员诺诺称是，只得又重新审问犯人。这次小妾招认，是客人散去后，宋某返回厅堂休息用茶时，在茶水中下了毒，这才是作案的真实情况。原来犯人早已深思熟虑，故意假造作案情节，准备将来上诉时，再行翻供。范纯仁识破伪供，使真相大白，防止了犯人翻供。

推官贵直

钱若水在同州任推官，知州是一个心胸狭隘、性情急躁的人，处理问题主观臆断，经常发生错误。钱若水同他极力争辩，总是得不到什么结果，所以时常对知州说："我们少不了要陪你挨罚。"后来，案件果然被朝廷和上司驳回，该州有关官员都受到以铜赎罪的处罚。知州虽然感到惭愧并对他们表示歉意，过后依然故我。这种情况前前后后已经发生不止一次了。

一天，一个富家大户的小丫环逃亡出走，不知去向。丫环的父母到州里告状，知州命令录事参军办理此案。录事参军过去曾向这个富户借钱，遭到拒绝，于是诬称富户父子数人合谋杀害女婢，并弃尸河中，尸体随水漂流而去，无从查找。富户父子数人，有的定为主谋，有的定为从犯，按其罪行，皆应判处死刑。富户经受不住严刑拷问，终于屈打成招，被迫承认自己犯了杀人罪。定案以后，上报到同州，州官们进行复审，没有发现不同情况，一致认为结论同案件事实相符。

只有钱若水对案件发生怀疑，他把案件压下好几天，不肯提出最后的处理意见。录事参军来找钱若水，责骂道："你是否接受了富户的贿赂，想开脱他们的死罪呢?”若水含笑表示歉意，说：“如今有好几个人由于这起案件而要判处死刑，怎能不把案件留下，仔细审核他们的供词呢?”他把案件扣留了将近十天，中间知州多次催促，也无结果，上上下下的人都责怪他。

有一天，钱若水来见知州，他避开众人对知州说：“我之所以扣发案卷，是为了暗中密访女婢的下落，现在女婢已经找到了。”知州惊讶地问道：“在哪里?”若水秘密地把女婢送到知州那里，让她藏在竹帘后面，然后把女婢的父母找来，问道：“如果你们现在看到自己的女儿，还能认识她吗?”父母回答说：“哪有不认识的道理。”于是从竹帘内把女婢推出，女婢的父母一看就哭着说：“她正是我们的女儿。”知州于是把被诬告为杀人凶手的富户父子数人从狱中提出，打开刑具，全部释放。富户父子号哭着，不肯离去。他们对知州说：“假如没有您的救助，我们就要灭族了。”知州说：“不是我，是推官钱若水帮了你们的忙。”富户父子来到钱若水的住处，若水闭门不纳，派人传话说：“女婢是知州找回来的，我没有参与其事。”富户不能见到若水，绕墙而哭，把自己的全部家产捐赠寺庙，替若水祈福。

由于这起事关数人性命的冤案得到昭雪，知州想就此事报请皇帝为若水论功求赏。钱若水坚决拒绝，他说：“我只求案件解决，人不蒙冤而死，论功求赏不是我的本意。假若朝廷把此事归功于我，那么将如何处置录事呢?”知州感叹地说：“这样高贵的情操，更是人们所不可企及的!”录事参军来到若水住处，惭愧地向他叩头谢罪。钱若水说：“案情复杂，难以料知，偶有过误，何必谢罪。”钱若水的事迹远近皆知，受到人们的一致赞扬。不久，唐太宗知道了这件事，对钱若水越级提拔，不到半年他就由幕职提升为知制诰，两年内就被任命为枢密副使。

甥舅争牛

唐朝裴子云在卫州新乡县当县令的时候，辖区内有个叫王恭的人被征调到边疆去戍守，走时留下六头母牛在舅舅李璡家中。过了五年，母牛繁殖生产了三十头小牛。王恭回来向舅父讨取，李璡道：“母牛已经死了两头，只有剩下的四头老母牛还你。”

王恭不服，就向县府告状。子云把王恭假意关进监狱，然后下令追捕“盗牛犯”李璡。把他捕来后，子云大声呵斥道：“有个贼揭发你偷了人家三十头牛，现在都收藏在你庄上。”说罢，随即命人把那个“贼”叫来当面对质，却用布衫把王恭的头部盖住，让他站在南边的墙脚下，命令李璡赶快交代。李璡连忙吐出实情：“三十头牛是外甥的母牛所生，实在不是偷来的。”子云立即命令把牛都还给王恭，但还留下五头给李璡，以酬报他饲育的辛劳。

铁佛开口

后晋高祖石敬瑭镇守邺都时，魏州冠氏县华街村和尚庙里有尊铁菩萨，高一丈多。忽然传说铁菩萨能说话，对人们进行说教劝诫。经过耳闻目睹，确有其事，人们无不异口同声地加以称赞。老百姓云集在那里，施舍钱财的不计其数。

晋高祖听说了，就吩咐衙门将官备上香花蜡烛瓜果贡品前往，准备检验一下，看到底是真是假。张辂请求一同前往。一到寺院，张辂就把寺内所有的和尚都赶出去，然后把他们的住房打开检查。结果查出一间房里有个土洞，而这个土洞一直通到那尊铁佛的座位下面。张辂就从这个土洞进到铁佛的身体内部，然后用严厉的语气大声揭发那些和尚的过错和罪恶。衙将把为首的和尚捉来，高祖命令当场把他杀掉。

乔装寻贼

宋时，桑怿以右班殿直为永安县巡检。

明道末年，京城以西地区天旱，发生蝗灾，还有一伙二十三人的盗贼作乱。为了剿捕这伙盗贼，枢察院调桑怿进京，负责剿捕。桑怿到京后，枢密院向他交代了任务，还交给他一张盗贼的名单。

桑怿随即向手下人部署剿捕任务，下令道："这伙盗贼畏惧本官剿贼的名声，必定溃逃，溃散之后再要搜捕，就很不容易了。所以我们第一步是要向盗贼示弱，从今日起，凡盗贼来时，务必紧闭栅门，所有军吏均不得擅自出栅。"就这样一连闭栅多天。军吏们不知其中的奥妙，都憋不住了，纷纷要求出栅捕贼，立功报效。桑怿一概不准。

这些日子里，桑怿其实并没有闲着。每当天黑时，他就领几名军卒，换上盗贼穿的那种衣服，外出寻找盗贼的踪迹。一天晚上，桑怿领着军卒，到了一户人家。这家人为躲避盗贼而逃走了，只留下一个老妇人看家，一见桑怿等人进来，以为来了一群盗贼，赶紧像伺候盗贼一样，为他们烧水做饭。桑怿一伙人也不客气，吃饱喝足后扬长而去。

桑怿回栅后，又闭栅三日，固守不出。接着，他又领着军卒，依然装扮成盗贼，到那户人家去。这次去时，那个老妇人以为他们真是盗贼，就同他们攀谈起来。在闲谈中，老妇人告诉他们，那些强盗听说桑殿直来了，全都躲在别处去了，近来听说桑殿直关闭营门不敢出来了，都知道他并没有什么大的本事，所以，现在又都回来了。某某在某处，某某在某处。桑怿得了这些情报后，又一连三天没有出来。

三天以后，桑怿再到老妇人家。这次去时，桑怿带去了一份丰厚的礼物，送给那个老妇人。老妇人得了厚礼，高兴得不得了，真是千恩万谢，桑怿于是对她说："告诉你实话吧，我就是桑殿直，你就好好地把盗贼的真实情况调查清楚，并且不要泄露秘密，过三天我再来。"三天后桑怿再来到老妇人家，她把盗贼的准确藏身地点一五一十地全部告诉了桑怿。

次日，桑怿分派所部军卒，分别把盗贼捉来。对那些强暴的贼徒，桑怿就亲自出马，一举将其捕获，顺利地完成了任务。

做贼心虚

《梦溪笔谈·权智》载："陈述古密直知建州浦城县日，有人失物，捕得莫知的为盗者。述古乃绐之曰：'某庙有一钟，能辩盗，至灵。'使人迎置后阁祠之，引群囚立钟前，自陈：'不为盗者，摸之则无声。为盗者摸之则有声。'述古自率同职，祷钟甚肃。祭讫，以帷围之，乃阴使人以墨涂钟，良久，引囚逐一令引手入帷摸之，出乃验其手，皆有墨，唯有一囚无墨，讯之，遂承为盗。盖恐钟有声，不敢摸也。"

枢密直学士陈述古任建州城知县时，有人丢失了东西，抓到一些人却不知道哪个是真正的盗贼。于是陈述古对他们说："某某庙里有一口钟，能辨认盗贼，特别灵验。"他派人把那口钟抬到官署后阁，祭祀起来，把这一群囚犯带到钟前，自己对犯人说："没有偷东西的人，摸这口钟，它不响，偷了东西的人一摸它，钟就会发出声响。"述古亲自率领他的同僚，在钟前很恭敬地祈祷。祭祀完毕后，用帐子把钟围起来，并暗地里让人用墨汁涂钟，过了很久，钟被涂好以后，带领被捕的犯人一个个把手伸进帷帐里去摸钟，出来就检验他们的手，发现只有一个手上没有墨汁。述古对这个人进行审讯，他承认自已是盗贼。原来这个人是害怕钟响，没敢去摸钟。

陈述古善于抓住"为盗者做贼心虚"这一致命弱点，巧设机关，很快就破获了一起盗窃案。当然，陈述古采用的具体方法是难以效仿的，但他分析罪犯的心理，抓住罪犯弱点的做法，还是有借鉴意义的。

疑狱牵连

祭酒宋本《记工狱》上记载了这样一件事情。京城的小木工厂里，有木工数百人，设置工长分别统领。有一木工与他的工长不和，半年多不相往来。大家劝说他们，口角之争没什么大不了的仇怨，和好算了。于是凑钱买些酒肉，拉着木工到工长家里和解，一直喝到天黑饱醉而去。

这个木工的老婆平素淫乱，早就与她的奸夫谋划要杀害丈夫。这次乘他在仇人那里喝醉酒返回，就把他杀了。仓促之间，找不到地方隐藏尸首。恰好房内有个土炕，中间是空的。于是拿开炕砖，把尸首割成四五块，塞到里面去，再把砖放好，恢复原来的样子。第二天，这个妇人到工长家里哭着说："我丈夫昨天没有回来，必定是被你杀了！"于是控诉到警巡院。警巡院以为工长与木工有仇，就逮捕工长，严刑拷打，工长忍受不住，只好承认是自己杀了。

妇人在家里为其丈夫办丧事，又是通知亲属，又是请和尚做法事，哭得伤心极了。警巡院追问工长尸首在哪里，答说："丢在壕沟里。"即命令仵作二人到壕沟寻找，可是没有找到。刑部、御史和京尹三个地方都催促结案。限定十天找到尸首，没找到；再限定七天，又没找到；限定五天，限定三天，仵作四次被打板子，而尸首仍然找不到。两个仵作叹息不已，在壕沟边说："挨板子没个完啊！"于是商量另外杀个人去应付差事。

天黑的时候，他们坐在水边，看见一个老翁骑驴过桥，就把老翁挤下水去淹死，把驴放跑了。过了十天，估计老翁的尸体已腐烂得认不出是谁了，就拿来回报警巡院。叫妇人察看，妇人抚摸尸体大声痛哭，肯定是她丈夫的尸体，并把丈夫的尸体抬到壕沟上为他招魂，变卖了自己的首饰和耳环，买了一口棺材把尸首安葬下来。这个案子就这样定案了。

在此案还没有上报的时候，骑驴老翁家里的人，四处找人不见。刚好有一个人背着一张驴皮在路上走，很像他们家那头驴的皮。夺过来打开一看，皮上的血还没干，随即揪住他告到县府。也因为刑讯逼供，背驴皮的人只好承认自己抢了老翁骑的驴，老翁反抗被他杀了，尸首藏在某个地方。到那儿去找，没有找到，又改说另一个地方。口供改了几次，而尸首始终找不见，这个背着驴皮的人受不住折磨，就死在牢里了。

过了一年多，批复下来了，把工长捆绑起来投进死囚。众木工大鸣不平，都为他被冤枉而感到愤怒，但又不能替他把冤枉弄明白。后来，工长竟被斩首了。众人更加哀叹不已，到处查访这件事情，但一无所获。于是大家凑钱百锭，放在大路口，声明：有谁知道那位木工的死因，就用这个酬报他。

当初，妇人为其丈夫做道场的时候，乞丐们都拥来讨吃的。有个小偷也和乞丐一起前来乞讨过。一天，小偷要到一户人家去偷东西，天色尚早，他熟悉这位妇人的门户，就暗中靠着墙壁等待。将近打钟的时候，忽然看见一个喝醉酒的人踉跄着进来，凶狠地怒视妇人，骂她，打她，踢她，而妇人不敢出声。等到醉者睡了以后，妇人才在灯下轻声责骂说："我因为你杀死了丈夫，将他分尸几块，在土炕里已有两年多了！土炕既不可拆掉，又不敢填死，还不知道我丈夫是否全都腐烂了，你今天却如此虐待我！"一边叹息一边低声哭泣。

小偷在窗外全都听见了。天亮以后，便到小木工厂中对大家说："我已经弄清木工的死因，赶快给我钱。"他叫众人远远跟着他。小偷装着喝醉了酒，到妇人家里赶她。妇人大骂，邻居也都抱不平，要打他。小偷急忙到土炕上扳一块砖在手，作出要打架的样子，这样尸首就暴露出来。众人突然拥入，扭住妇人送往官府。妇人招认：她和奸夫合伙杀死了丈夫。官府再问壕沟中的死者从何而来？仵作认罪说，是把骑驴的老翁挤到水中淹死后交出的尸首。

结果，仵作和妇人及其奸夫，在集市上被分肢处死。原先判处工长死刑的官吏，都终身不许做官。官府认为，如果死在牢里的背驴皮的人的事情再被揭发出来，则又有数名官吏要获罪，于是就此作罢。背驴皮的人就这样受了冤枉。这是延祐初年发生的事情。

公瑾辨伪

金朝明昌年间，景州（今河南境内）有一个妇人与两个隶卒马全和王二通奸。一天，妇人要回娘家，与王二约定在城外树下相会。马全恰巧听到，醋性大发，顿生杀机。他先一步等在树下，妇人一到，马全就把她杀死了。

次日，妇人的父亲有事进城，顺便去看望女儿。妇人的婆婆说："你女儿昨天已回娘家了，怎么还来这里看她？"妇人的父亲十分惊愕，赶忙到处寻找，在树下找见了女儿的尸体，便告到官府。

官吏审理此案，询问妇人的婆母："你儿媳这几天和谁商量过事情?"婆婆说："只与王二说过话。"于是，拘捕王二，严刑拷打。王二经不住刑罚，便胡乱招供，并交代说妇人所带的包袱埋在一棵树下。派人循迹搜查，果然在树下起获。王二一听，叫苦不迭，惊骇道："怎么真有?"参与审讯的张公谨见情生疑，要求给他三天时间擒拿真凶，得到允许。

张公谨询问看门的役卒："审讯王二时有人在墙外偷听吗?"回答说："隶卒马全在墙外站了很久。"公瑾又询问看守城门的役卒说："昨晚是否有人带着包袱出城?"答说："只有马全带着一个包袱出城了。"张公瑾立即下令拘捕马全，经过审讯，马全如实招认，真相大白。

指纹断案

元朝官员潘泽善断案，曾办理过这样一件诉讼案。一家十七口人都成为一富豪家的奴仆，有关衙门数年不能决断。当时，卖身为奴者无论男女都要用左右手的食指在券契上画押，从指纹的疏密可以判断卖身人的高矮和年龄的大小。潘泽受理后，看到其中十三岁的少年在契约上画押的指纹像成年人，便说："有假。"召集郡中十三岁的少年十人，拿他们的指纹和契约上的指纹相验，都不符合。富商因此理屈，把卖身券毁掉，放还了十七人。

可见，在中国古代就已有从指纹上进行勘验的记录。

一语道破

湖州的赵三同周生是好朋友，两人约定一起到南都做生意。赵的妻子孙某不愿意丈夫出门，已经有好几天了。

到了约定的日子，黎明时，赵三先上船。因为太早，就和衣在船上睡着了。

船夫张潮贪图他的钱财，悄悄地把船划到僻静地方，将赵淹死，然后自己假装熟睡。周生来到，以为赵还未来，等候多时，要张潮去催促。张敲着赵家的门喊三娘子，问道："三郎为什么这么长时间不来呀？"三娘子大惊说："他早就离开家了，怎么还没上船呢？"张潮回来告诉周生，周也大为惊异，与三娘子分路到处寻找，找了三日，毫无踪迹。周怕受到连累，作了呈文禀报县府。县尹怀疑三娘子另有所爱，而故意害死丈夫。

这个案子拖了很久。有位杨评事翻阅案卷时说："敲门就叫三娘子，一定知道房内没有丈夫。"用这个道理盘问张潮，张潮无法辩白，最后只能认罪。

太原冤狱

太原有一户人家，婆媳二人全都寡居。婆婆尚在中年，不能清白自守，村里无赖常常到她家过夜。媳妇很不满意她的这种行为，暗中在门口和墙外阻挡与婆婆交往的无赖。婆婆感到很难堪，就想找借口把媳妇从家中赶走，媳妇不依，两人经常为此发生争吵。这样一来，婆婆更加怨恨媳妇，反过来诬蔑媳妇淫乱，并上告官衙。受理案件的官员询问奸夫的姓名，婆婆说："夜里来早晨走，实在不知道是什么人，问媳妇自然就知道了。"提审儿媳妇，她果然知道是什么人，但却说此人通奸的是她婆婆。二人相互推脱。又把无赖拘捕到官府，无赖狡辩说，他与婆婆和媳妇都没有私通关系，这是她们婆媳不和睦，编假话彼此毁谤。那个官员驳斥说："一村上百人，为什么单诬告你呢？"下令重重责打。无赖吓得连连叩头乞求免打，但却说与媳妇私通。官员下令对媳妇上刑，媳妇始终不承认，就下令把她赶了出去。媳妇非常气愤，便上告到宪院，但仍同过去的情况一样，案子拖了很久未能解决。

当时，淄邑人、进士孙柳下任临晋县令。他处理狱案的才能很受人称赞，遂把这一案件移临晋县审理。人犯解到后，他略略讯问了一遍，将他们收监，然后命差役准备砖石刀锥，以备第二天使用。大家都很奇怪，说："要施加严刑有的是桎梏，为什么用这些非法律规定的刑具去审案呢？"人们不了解他的意图，只得暂且按照他说的准备。第二天升堂后，问知让准备的东西已齐备，孙柳下便命令把它们放到公堂上，然后传唤人犯，又逐个简单地审问了一下，便对婆媳说："这件案子也没有必要搞得清清楚楚。淫妇是哪个虽然还没定，而奸夫却是明确的。你们本来是清白之家，只不过一时为坏人所引诱，罪恶完全在于这个坏人。堂上刀子和石头都已经准备好了，你们可以自己拿来把这个坏人砸死、杀死。"开始婆媳二人都很犹豫，恐怕偶然失手把人打死了要偿命。孙柳下说："不要顾虑，有我做主。"于是婆媳一同站起来，拾起石头轮流向那人身上投。媳妇因为被诬陷，含恨已久，两手举起大石头恨不得立即把那人砸死；婆婆只不过以小石头往屁股和腿部投了几下而已。孙又命二人用刀，媳妇持刀直刺胸膛，婆婆却迟疑不愿下手。孙柳下见此光景，便命她们停下说："我已经知道谁是淫妇了！"下令对婆婆严刑相待，遂得到了真实情况。最后把无赖笞打三十，了结了这桩案子。

离合从轻

吴冠贤在安定当县令时，有一对十六七岁的青年男女一起来喊冤。男的说："她是我的童养媳，现在趁父母双亡，她想抛弃我另嫁别人。"女的说："我本来是他的同胞妹妹，现在趁父母双亡，他想强迫我做妻子。"问他们的姓，都还记得，问他们的老家，因为父母都是流亡在外的乞丐，天天转移，已经记不清老家在哪里了。询问同伙的乞丐，都说："他们到这里来才几天就父母双亡，不知道他们的底细，只听到他们以兄妹相称，但贫苦人家的童养媳，对她的丈夫也照例称兄妹，没有什么区别。"

有个老狱吏建议说："这件事好像是捕风捉影，毫无实据，又不能动用刑罚去审讯。判处解除婚约还是合婚，都难保不发生错误。不过判他们解除婚约而发生的错误，只不过是破坏了他们的婚姻，损失还小；如果判他们合婚判错了，那就乱了人伦，损失可大啊。根据这种情况，何不判他们解除婚约呢！"

经过再三的推敲研究，没有什么更好的办法，最后还是依照老狱吏的意见办了。

一字救人

官府制作的文书，常常更换其中一个字便能使处理结果轻重相差极大，官府中办理文书的小吏们往往就借此来徇私舞弊。然而，通州大族后来受封为“封翁”的胡长龄，却曾因更改一个字而救了不少人的生命。

封翁曾经做过州里的官吏，协助办理过一个盗案。罪犯供认是纠集众人从大门进入盗窃，已经把事实查清定案了。封翁认为，这些案犯是因为生活贫苦所迫偶然作案行窃，并不是真正的强盗。因此他就向州官说：“这些案犯一被抓到进行审讯，就坦白承认了盗窃的事实和情节，这必然不是罪恶重大、老奸巨猾的惯盗。现在不分首恶从犯一律都判处斩刑，似乎是犯了不当罪而罪的错误。”州官以上级催得紧急、来不及另外书写供词案卷材料为借口，不肯改判。封翁就请求在“大”字上添一点改为从“犬门”入，并且说：“我是久已仰慕您，知道您是一个具有好生之德的人，所以才建议这样做，这并不是徇私舞弊。”州官觉悟过来，听从了他的意见。只把笔拿起来点上一点，就拯救了十多人的生命。

真假龙图

嘉兴（今浙江属县）人宋某曾任仙游县（今福建省属县）令，办事认真严肃，自命为包公再世。某村有一个王监生（向官府捐钱取得应试或入仕资格的人）与佃户的妻子通奸，嫌佃户在家碍事，便收买一个算命的，让他假说佃户在家流年不利，必须出门在外才能化凶为吉，免于灾难。佃户对算命人的胡言乱语信以为真，告诉了王监生。王监生故作惊讶，伪装关切，慷慨出钱借给佃户作为资本，让他去四川做小买卖，三年不要回家。佃户走后，村里便传言佃户已被王监生串通其妻谋害了。

宋县令听到了这个传闻，牢记在心，打定主意要为佃户申冤。有一天，那个村里有一口井中发现了一具已经腐烂的男尸，眉目不清，无从辨认。宋县令查看过后便认做是佃户无疑，立刻拘捕王监生和佃户之妻，严刑拷打。二人受刑不过，只好承认谋杀本夫，被依法处决。此案办完后，县中轰动，纷纷把县官称作“宋龙图”（龙图，即北宋龙图阁直学士包拯），并且编成剧本，到处传唱。

又过了一年，佃户从四川回来了。刚刚进城就看见戏台在演王监生夺妻谋夫一戏，仔细一听，才知道自己的妻子已经冤死。佃户号啕大哭，悲痛欲绝，立刻上省城控告。经过省中主管刑狱的官员审理，宋知县以故意错判平民致死抵罪。仙游县有人编成歌谣：

> 瞎说奸夫杀本夫，真龙图变成假龙图；
> 寄言民牧须详慎，莫恃官清胆气粗。

割耳构陷

婺州（今浙江金华一带）有一名乐于助人的武秀才叫胡发，他学了一点医术，虽并不精通，但却时常为人治病。一天，有一个农户来请他去给妻子看病，胡步行而去。他刚刚走到病人床前预备诊视，忽然被人由后面抱住，右耳朵被刀割掉，一时疼痛难忍，昏倒在地。那个农户拿着耳朵到县里告状，说胡发企图强奸他的妻子，被女方割掉耳朵，请求严加惩处。于是，县官革去胡发秀才的功名，等他伤口愈合后即监押起来。

原来，胡发与邻人施竺田同师求学，本是朋友。胡有几十亩竹园，周围溪水环绕，出产丰富，景色秀丽，施竺田久已垂涎，一心想占为己有。可是胡发家境富裕，不会突然破产，这个竹园轻易弄不到手。再加上县中有一个名门之女，胡发与施竺田都想娶她做妻子，结果女家许给了胡发，施竺田便怀恨在心。

因此，施便用钱买通了那个农户，安排了这样的圈套，用以诬陷加害胡发。

这个案件发生后三年，县里都没有判决。新任知县刘起禧到职，还没进县，那个农户原告便中途拉住马头呼叫冤枉。刘知县仔细琢磨后说道："胡发企图强奸你的妻子，已经关入监狱，你叫什么冤枉？同时，胡发既然是武秀才，必定身强力壮，一个女人怎么能轻易割掉他的耳朵？再说，你妻子怎么会预先知道他要行奸，而早早把刀预备在手边呢？你今天又急忙叫冤，显然是想用先入之言把我引入迷途！"于是，把农户带回，认真审讯，终于查清了真情。刘知县依法把施竺田判处流刑，发放到河南服役去了。

冤魂索命

江苏泰州有一户小康人家，老父去世，只剩老母和一女儿，招赘一女婿在家。小两口伺候老母很孝顺，日子过得很和美。老母有个弟弟，不务正业，喝酒赌博，无所不为，一没钱了，就来找他姐姐借，稍不如意，就吹胡子瞪眼，拍桌怒骂："你待女婿那么好，对我这么冷淡，有偏心眼！"老母和女儿很讨厌他，又没办法。

一天早上，女儿起床后，见母亲居室门户大开，呼喊几声也无回音，急忙进屋一看，吓得惊叫起来。原来母亲已倒在血泊之中。女儿伏尸号啕大哭，女婿闻讯立刻跑出去，找来街坊邻居，大家也都不知是谁杀的。恰好这时老母的弟弟来了，见此情景，想起平日来借钱遭冷遇，正愁没机会报复，就一口咬定是老母的女儿、女婿合谋杀人，控于官府。

泰州知州王某抓来老母的女儿、女婿拷问，两人都连声称冤。王某又严刑逼供，两人痛楚难忍，只得屈服。结果女儿被判处凌迟，女婿被处斩首。街坊邻居颇知道女儿女婿平素为人，不可能杀害老母。然而害怕老母的弟弟诬陷牵连，谁也不敢为他们诉冤。

过了一年，在江苏六合县抓到了一个强盗，在审判中供出一年前在泰州杀死老妇之事。承审官问他："杀人怎么没偷钱财？"强盗答道："刚进屋时想偷东西，被老妇发觉抓住，脱身不得，就把她杀了；又听见旁边屋里有人睡觉，怕被发觉，所以来不及偷就逃了。”

六合县令与泰州王知州素识，就派人昼夜飞驰向王某报信。王知州见信，吓得魂不附体，汗流浃背。他知道错判人死刑，按法律要反坐抵罪。于是他给六合县令写信，让县令在监狱里悄悄地把强盗杀掉，掩盖了自已误杀两命的真相。就这样，一件冤案两条人命到底没得到昭雪。

但那王知州日子也不好过，据说他后来每每回忆此案，便脸色惨白，神情紧张，夜半做梦也仿佛有人披头散发入室呼号，要他偿命。不到几个月便心脏病发作，一命呜呼了。

“卫玠”雪冤

山西有一个姓卫的青年，生长在读书人家，小时候就异常聪颖，相貌白皙俊秀。十三岁时应童子试，被考官列为第一，被称为“小卫玠”（卫玠是晋时才子，以文才敏捷，相貌秀美著称），美名传遍县城。

城中一个姓郦的巨富人家的小姐名叫珊珂，已经成年，美丽而聪明。她不但精于针线，而且酷爱诗画。父亲对她极其钟爱，为给她选一个称心的女婿，十分为难，因此也长期拖延，没有婚许。有一天，珊珂到五台山烧香拜佛，偶遇“小卫玠”，一眼便看上了他。嫂嫂答应为她和卫生作媒。

县中有一个公子，父亲是粤东太守，死在任所。由于当官多年，积蓄很多，家境富饶。公子护送父亲灵柩回到乡里，时年十八，凑巧原聘妻子病故，他久慕珊珂美貌多才，便委托媒人到郦家说亲。珊珂的父亲也羡慕公子门第显赫、家财豪富，立即欣然应允。珊珂无可奈何，只能听从父亲的安排。

到了成亲那一天，张灯结彩，贵客满堂，十分热闹。夜深客人散去，新郎步入洞房，见珊珂在帐中低头含羞而坐，于是脱去礼服，出外小解。突然，黑暗中蹿出一人，从后面抱住公子脖颈，手持钢刀直刺入公子胸膛。公子未及呻吟，一命呜呼。凶手直奔室内，吹灭灯烛，钻入床帏，猛地搂住珊珂，意图行奸。珊珂以为是公子，十分惊诧。忙问："你为何这般粗野?"只听那人低声答道："我，我并非公子，我，我是小卫玠啊！深感你的情、情意，今天特来相谢、相谢!"珊珂大惊失色，急急说道："公子刚刚出去，马上就要回来，你快快离开，以免闹得不好看!"那人道："公、公子已被我杀、杀了！你、你尽管放心。"那人不敢久留，慌忙抢下珊珂头上簪饰，急急溜走了。家人们听到珊珂的哭声，打着灯烛进去询问出了什么事。珊珂把刚才发生的事情一讲，众人大吃一惊，急忙外出寻视，果然看到公子满身血污，僵卧在地。家人们急忙写出诉状，告到县衙。

县令见凶杀重案，将珊珂和"小卫玠"拘传到案，分别审讯。珊珂哭诉情形，声称与"小卫玠"素不相识，实在不知杀人之情。轮到审讯"小卫玠"，他从来未登过公堂，忽受追问，结结巴巴不知如何答对，十分恐惧。县令一看便认作凶犯无疑，立即革去他的生员资格，棍棒交加，严刑逼供。"小卫玠"只好含冤认罪，具结画押。县令把"小卫玠"关入监牢。珊珂虽不知情，但事出有因，毕竟不能洗脱，因而也被监押，不能出狱。

案件上报审核，按察使逐一审讯。问过"小卫玠"，心中疑惑，觉得证据不确，难免有冤。于是他秘密命令狱吏打扫一间房屋，准备好床铺被褥把珊珂与"小卫玠"放入其中，察看情形，如实禀报。

"小卫玠"向珊珂深深一揖道："我与你平日无冤无仇，忽然飞来横祸，诬我杀人，请问究竟为了什么?"珊珂笑道："杀人者抵命，有国法明文，你自作自知，何必怨我!""小卫玠"叹息说："你至今还以为杀人凶犯真是我吗？你看我这样一个人，体弱无力，连一只鸡也抓不住，怎么能去杀人呢？如果你还有一丝善良的心肠，真的让我亲近一次，那么我被处死也可瞑目了。"珊珂听他说得可怜，心中也觉凄惨，不忍严厉拒绝。但等到"小卫玠"走近身边时，珊珂问道："以前你说话结巴，又有刺鼻的狐臭，今天怎么一点也没有了呢?""小卫玠"笑道："我从来也没有这样的毛病，你这话是从何说起?"珊珂于是把公子被杀当夜凶手的形迹说了一遍，奇怪地说："那么凶手果然不是你吗?"

狱吏在门外把"小卫玠"、珊珂的对话听得一清二楚，原原本本禀报给按察使。按察使马上传讯珊珂的父亲，问道："在你家经常来往的人中，有一个身带狐臭、说话口吃的人吗?"郦翁沉思半天，答道："只有做衣服的金二朋是这样。”按察使说：“这就对了。”立即命令捉拿金二朋到案。金被押上公堂，按察使骂道：“你这个杀人凶犯，做了案嫁祸于人，赶快如实招来！”让左右衙役细搜其身，果然搜到一张当票，按票到当铺取来一看，就是珊珂结婚当天头上所戴簪饰，按察使厉声问道：“赃证俱在，你还有何话讲？”金二朋只好招供认罪。

原来，金二朋经常在郦家做缝工，郦家的衣服全都出自他手。珊珂长大以后，身上的衣裙不是金二朋做的便不穿。金二朋错以为姑娘对他有情有义，不时想入非非。另有一妇人，一直在郦家当仆工，早与金二朋相好。珊珂与嫂嫂议论“小卫玠”的时候，被她悄悄听到，便当作笑话说给金二朋听。金二朋早就垂涎珊珂，正苦于无从下手，听到此事，便心生恶计。在公子娶亲那日，他潜入宅院，阴谋孤注一掷，杀死公子，冒充“小卫玠”，达到奸污的目的，纵然不成，也可以嫁祸于人，自己逍遥法外。现在案情查清，金二朋无从抵赖，终于被依法处决了。

按察使见“小卫玠”本来无罪，几乎被误处死刑，便怒责县令和承办的官吏，并让他们出面做媒，成全珊珂、“小卫玠”的婚事，还罚他们拿出银钱供给“小卫玠”生活，使他能读书上进。以后，“小卫玠”发愤努力，果然中了进士，名传一时。

颠梅审树

广东省有个知县，因判断案件善于打破常规、出奇制胜，别人给他起个绰号叫“颠梅”，此名到处传扬，他的真实姓名反倒很少有人知道了。有一年，县中某甲由海外归来，带回了许多金银，天色昏黑仍未到家。他怕遭到抢劫，四望无人，便把金银埋在树下。埋完后又环顾四周，证实的确无人看到，才乘着月色返回家中。

某甲到家，天已二更，妻子迎进，互话离别之情。妻子问：“奔波海外，有什么收获吗？”甲答：“获得若干金银，途中害怕遭抢，埋在某树下，明日即可取回。”次日早起，甲见院门虚掩，心中疑虑，查看家中并无所失，才稍稍安

颠梅审树

定，然后前往树下取金银。挖开一看，昨日所埋金银踪影皆无，灰心丧气，懊恼异常。想来想去，不如报告县府，或许还有希望。于是，急忙写下呈词奔赴县府。

颠梅升堂，详细讯问埋金情况，并问："你外出共有几年?"回答说："四年。"问："有父母吗?"答："没有。"问："有子女吗?"答："只有一子，今年四岁，我外出时刚刚怀孕。"又问："家中有婢仆吗?"答说："一切事物都有妻子操持，并无婢仆。"问："这样说来，你不在时，家中只有妻子和小儿子?"答："是的。"问："你昨晚回来，曾经遇见到什么人吗?"答："没有。"又问："你回家后发现什么异常吗?"答："没有。"问："你埋藏金银的事告诉了什么人吗?"答："没有。"问："难道连妻子也没告诉吗?"回答说："我到家夜色已深，儿子已经睡熟，只与妻子讲了。"问："她高兴吗?"答："不喜也不怒。"又问："你再想想，家中是否有什么异常。"答道："并无异常。"颠梅说："如果当真没什么异常，我也就无法弄清这个案子了。"某甲沉思片刻，说道："今早起来我发现大门虚掩，不知是否算作异常？”听完之后，颠梅怒形于色，拍案大叫：“千不该，万不该，都怪那棵大树！有人在它那里寄存金银，为什么不认真看守，以致失窃？”命令衙役前去拔树。甲说：“那树很大，拔不下来的。”颠梅说：“拔不动就锯！”衙役奉命而去。

颠梅又问某甲：“你来告状，你的妻子知道吗？”甲答：“不知。”颠梅说道：“回去不能告诉给她，否则就要罚你！明天一早，你带着儿子来衙听审。”甲唯唯诺诺，回家后果然不与妻说，妻子询问金银的事，也只是含糊应付。

次日，某甲抱着儿子赴县，差役们正在往衙中运树。过路行人纷纷探询所为何故，当得知县官要“审树”时，不禁哈哈大笑说：“颠梅又犯了‘颠’病，树也是能审的吗？”一时到处传说，前来看新奇的人很多。

颠梅升堂，让把大树放在庭下，叫旁观众人一齐进院，然后吩咐关上大门。他让某甲抱着儿子立在前，让观众一个一个由东阶而上，西阶而下，逐一走过。走了几十人后，甲的儿子忽然对一个人喊道：“叔叔抱我！”颠梅便传此人问道：“你认识这个孩子吗？”那人说：“不认识。”试着让那个人抱甲的儿子，孩子竟伸手求抱，状甚亲近。于是，颠梅指着那人说：“偷窃金银的一定是你，你赶快交出，尚可饶恕，否则要两项罪名同时惩罚！”那人仍说毫不知情。颠梅又让甲问孩子：“这个叔叔你在哪里见过？”孩子说：“这是我家叔叔。”“叔叔喜欢你吗？”“喜欢，常给我东西吃。”“叔叔住在哪里？”“家里。”“谁家里？”“我妈妈家里。”颠梅正颜厉色向那人说道：“前天甲家大门虚掩，难道不是你干的？不说实话，小心皮肉之苦！”那人害怕，只好供认。派人跟他前去，由家中起出赃物，分文不少。

案件办完，众人齐称颠梅神明。颠梅说：“哪里有什么神明！这正是我‘以颠惑人’的办法。大家想想，他埋金银既无人看见，次日清晨去取却不翼而飞，道理何在？早晨虽有人路过树下，但不是下地就是赶集，来去匆匆，怎么会有人去注意树下？埋金银的话出于甲口，入于妻耳，若无人偷听，谁能知道？最初我无法断定是何人所为，但甲说出大门虚掩，则可知十之八九是妇人的奸夫。因为甲回来时奸夫必定仍然在其家中，藏在某个地方，所以听到甲的话才先行一步去偷挖金银。但这只是推论，尚无确证，无法撇开失金的事不问而追查妇人奸情。后来想到某甲长期在外，奸夫必然久住其家，必然与小孩熟悉。我便利用这点来决策。如果不说审树，耸人听闻，那个奸夫又怎么会上钩，来到县衙呢？”

理直气壮

苏州昆山县有个叫金满的人，读书不就，将银援例捐了个令史，在本县为吏，身边蓄得一婢名金杏，生得甚有姿色，金令史平日爱如己女。还有一个小厮名秀童，自小抚养在家，今已二十余岁，对金令史一片孝顺之心，甚为乖巧。那金令史千方百计钻营得管库房之职，不期十一月四日夜，金令史通宵值夜，不曾离库，亦不曾合眼，却丢失四锭元宝。那金令史连声叫苦：“失去二百两银子，却把什么来赔补？”一边重新寻找，就把这间房翻转来，何尝有个影子？外边都知库房失盗，知县责令十日内补库。金令史正越想越恼闷，蓦然想到：“这夜只有秀童拿递东西，进来几次，莫非是他偷了？”于是许了捕快二十两银子，请其拷问秀童。捕快将秀童拖至城外冷铺里严刑拷打，吊、打、拶夹都是不招，且叫天叫地哭将起来，说是：“我自九岁蒙爷抚养成人，在家没半点差错，不想爷疑心到我头上，今日我只欠爷一死，更无话说。”说罢闷绝去了。自古道：“有理言自壮，负屈声必高。”众捕快将其唤醒送得回来，已是七损八伤，一丝两气，金令史心中亦觉惨然。

原来那银子却是门子胡美偷的。胡美父母双亡，跟着姐夫过活，喜欢赌钱、吃酒、美婆娘。这夜赌输了，没处设法，便决心来偷库房，见金令史坐着，来了几遍不好动手，恰值秀童进厨房取蜡烛，打翻了麻油，金令史进去看，便乘机盗得四个元宝，夜夜使斧头敲得锭边使用。胡美间壁住着个姓陆的门子，夜夜听得他家打得一片响，从壁缝张看，只见他用斧头敲元宝。心知金令史银必是他偷了，跑来告知。金令史忙禀官搜捕，果然人赃皆获。

金令史因思屈了秀童，受此苦楚，没什么好处酬答他，乃收秀童为子，将金杏配他为妻，家业亦由秀童承顶。正是，凡事要凭真实见，古今冤屈有谁知？

缉查假子

明朝万历年间，代州人士孙传庭中了进士，被派往永城县任知县。孙传庭为人“性简傲，不畏上官，而能廉察非常事”。

永城县里有一户人家，儿子刚娶妻，父亲便去世了。儿子便在父亲墓旁结庐守丧，家中只有母亲、妻子各居一室。有一天夜半，老母醒来听见媳妇房内有嬉笑的声音，便问道：“贤媳，是谁在房中嬉闹?”

媳妇答道：“母亲，没有他人，是相公回来了。”

次日，儿子回家，母亲见了就责备他说：“儿啊！你身在热丧之中，不该夜间回来贪欢。”

儿子说：“母亲，儿结庐守丧，为父尽孝，夜间并没有回家来啊!”

母亲见儿子巧辩，不禁发怒道：“昨夜，我夜半醒来，听得你房中动静，我还问了媳妇，说是你回来了，你竟敢抵赖!”

儿子暗暗吃惊，心想，我明明没有回来，那么是谁进了我房中呢？难道自己妻子有什么私情吗？当天夜里，他潜回家中隐藏起来。

半夜，果然从外面进来一个人，进了媳妇房里，停了一晌，听得房里有人解衣上床。儿子立即冲进房里，那人连忙窜出房门，逃之夭夭，儿子在后面紧紧追赶。媳妇这才知道自己昨天夜里遭人凌辱，想想没脸见人，就悬梁自尽了。儿子没有追上歹徒，回来见媳妇上吊死去，也跟着自缢身亡。

母亲见儿子、儿媳双双死去，赶快拿起贼人脱下的孝衣孝帽，到衙门去喊冤，要县太爷申冤。

孙传庭收了这桩没头案子，也不着急，也不追究，几天之后，他就发签，令差役把全县的裁缝全部拘来。差役不敢怠慢，掣签出去，不大工夫所有的裁缝都到齐了。孙传庭命差役把他们带到二堂隔离起来。

在二堂上，孙传庭取出丧服，问道：“这件丧服是你们之中何人缝制?”当堂有一名裁缝说他认识这件丧服，乃是某公子命自己在一个密室里缝制的。孙传庭见丧服有了主人，就发签命差役，火速把假孝子捉拿归案。

这个假孝子原来是阉党魏忠贤门下的一名高官的儿子，他父亲曾以黄金夜壶献奉魏忠贤，深得魏忠贤的赏识，权势凌人。假孝子来到大堂之上，神气活现，满不在乎，大言不惭地承认是自己在夜间穿了丧服，假扮孝子，潜入人家媳妇房里，将她污辱。他满以为有父亲的权势，不怕没人设法开脱自己。可是孙传庭却不买账，依照法律判了假孝子死刑。

误拷庖人

明代成化年间，有一次，南郊祭天的典礼举行完毕后，撤除祭器时少了一只金瓶。当时有一个厨师在旁边侍候，于是官府便把他捉住。官府用各种刑具拷打他，此人只得自诬偷瓶。等到要他交出金瓶时，他却交不出来。强迫他交，他只得随口说了一句在祭坛前面的某个地方。照他所指的地方去挖瓶，没有挖到，结果案子结不了，仍然把他关在牢里。没过多久，偷金瓶的人拿着瓶子上的金绳在市上卖，有人怀疑东西的来路不正，把他扭送到官府，偷瓶的真相才明白了。问偷瓶的人瓶在哪里，也回答在祭坛的某个地方。照他所指的地方去挖，果然挖到了金瓶，仅仅比厨师所指的地方更深几寸。

如果照厨师所指的地方挖时挖到金瓶，或者偷瓶的人不拿金绳在市上卖，那么厨师是死定了，就是一百张嘴替他辩护也无法免他一死。由此可见，采用严刑拷打的办法，无论什么诬枉的罪行都能使受刑者承认。

瞽者窃钱

有一次，一个瞎子和一个小贩同住一家旅店，瞎子偷了小贩五千文钱。第二天早晨争吵起来，告到官府。官员立即把他们提到衙门里审讯。官员问小贩，钱上有没有可资识别的记号。小贩说："这是日常使用的东西，那里有什么记号！"官员又问瞎子，瞎子回答道："有记号，我的钱是字对字，背对背穿成的。"一检查，正是这样，可是小贩不服。官员要瞎子伸出手来，就见两个手掌呈青黑色，铜钱的痕迹看得清清楚楚，毫无疑问他是用手摸索了一夜把钱穿成那样的。于是官员责罚了瞎子，让小贩把钱领走。

新郎投河

广东某生与某家的女儿订了婚。这个女子拥有倾国倾城的姿色，一天外出看戏，被一个心狠手辣的富家子弟发现。他通过给女子的母亲赠送大量财物的手段，终于和女子发生了暧昧关系。两人经常往来，生怕外人捉奸，就在女子的床下挖一地道，直通后院的空房，以便一旦听到什么声息，好随时躲避。

不久，广东某生要入学读书，派人来订婚期。富家子弟同母女二人商量，使广东某生就婚于女家，然后把他杀死。母女二人都同意了。母亲告诉媒人："女婿没有父母，而我老婆子也没有丈夫和儿子，双方无依无靠。如果女婿肯到我家入赘，对双方都有好处，否则就推迟婚期，等我死后，女儿再同他结婚。"媒人把这席话转告某生，某生欣然同意去女家入赘，约定在春末夏初的一个吉日结婚。

结婚那天，男女亲友数十人前来祝贺，大家异口同声地称赞新娘的美貌。某生大喜，送客人入席后，立即回洞房同新娘对饮。这时洞房内别无他人，某生开怀畅饮，新娘也不像一般新婚女子那样羞怯，竟然举杯劝酒，某生喝得酩酊大醉。这时，客人突然听到洞房内一声惨叫，正在惊讶，只见新郎散发遮面冲出洞房，众人未及询问，新郎早已奔出大门，大家尾随追赶，跑了一里多路，前面横着一条大河，新郎立即跳进河中，被河水淹没。众人赶快找来渔船，经过一昼夜打捞，没有找到尸体，只好叹息而回。这时新娘及母亲焦急地在家中等候，看见众人返回，哭着问道："新郎现在哪里？"众人讲明情况，并且询问了事件发生的原因。老太婆说："女婿在洞房吃酒，忽然疯狂地冲出家门，我母女都不知该怎么办，心想他一定会被你们拦回，你们为什么让他投河而死呢？

是你们杀死了我的女婿。”接着就跑到县里去控告。县令询问了各位客人，大家都说：“事情发生得很突然，我们没有防备，没有把他追上，完全是事出意外。我们都是至亲好友，哪有见死不救的道理！”及至询问母女二人，她们只是要求归还尸体。县令来到河边勘察，只见河水滚滚，无从查找尸体，于是这件事便成了疑难案件。

不久，该县换了县令，新县令素有办案公正的名声。他对前任县令移交的这起案件进行了反复的推敲，恍然大悟地说：“女婿投河而控告客人，目的不是诬告客人，而是要客人证明新郎确实已死。这样看来，其中必有缘故。”于是他装扮成算命先生，向母女的邻人查访。邻人说：“有一个富家子弟，同她们母女并无亲戚关系，忽然往来密切，我们也怀疑其中别有缘故。但是，那天新郎发狂投河是有目共睹的事实，不可能有别的情况。”县令问：“这是你亲眼看见的吗？”邻人说：“我当时也在座。”县令又问：“你看见新郎面部有什么表情？”回答说：“他披发遮面，没有看到有什么表情。”县令说：“问题就在这里。这个富家子弟现在哪里？”回答说：“今天还看见他到新娘家去。”县令辞别邻人，回到县府，换上官服，率领百余名健壮衙役，突然来到母女家。将其住宅包围，而后进行搜查。家中只有母女二人，她们问县令要干什么，县令也不回答，举步向新娘房中走去，老太婆横身阻拦说：“这是守寡的年轻女子的卧室，即使三尺童子也不得入内，你身为父母官，难道连这个礼节也不明白吗？”县令微笑回答：“我是要为你家女婿申冤。”老太婆说：“如果进入我女儿的房间，而女婿的冤屈仍然不得申雪，那将怎么办呢？”县令说：“我来为你女婿抵命。”说罢，唤来衙役把老太婆拖走。县令走进住房内，看到里面陈设整洁美观，都是一般常用物品，没有发现可疑迹象。踌躇间，伏身看到床下有一只男鞋，回视新娘，新娘大惊失色。县令唤进衙役，把床搬开，发现地板上有一块新板，启开新板，下面就是地道。县令带领衙役走进地道，沿地道来到一所空房，空房的一隅伏着一个衣着讲究的青年，于是把他逮捕。走出空房是一所院落，地面上有新挖的痕迹。县令命令衙役挖开泥土，发现一具尸体。虽然是夏天，尸体仍未腐烂，脖子上被掐的痕迹依然存在。县令召来同案件有关的证人，只经过一次审讯，罪犯就承认了自己的罪行。原来新郎酒醉以后，新娘同富家子弟一起把他掐死，经地道拖到后院掩埋，而投水者则是富家子弟花钱雇用的善于游泳的人。

太仓失盗

明朝时，有一个叫洪镜潭的人考中了进士。由于需要等待一段时间才能被任命官职，他便要了一件押解银子的差事，公私两顾，顺便回家看望父母家人。他共领出一万两银子，分作五个口袋装好，暂时寄存在太仓（皇家仓库）中。

第二天一早，他准备启程，开门一看，一个口袋被割了一条长一尺五寸的口子，丢掉元宝十锭。太仓的墙垣很高，大门的锁也完好无损，而且外面有不少人巡查，窃贼怎样进入？即使进去了，拿着那么多银子，能够飞出去吗？大家都很惊奇，迷惑不解。

事情报告上司，捕役们受命限期破获，但一个多月毫无线索。有个老练的捕役说："盗贼得银后，很可能远走他乡，不如赶快四处搜索，守在京城里干什么?"于是大家领取文照，分别到各处缉访。

离徐州三十里的地方有一家小酒店，夫妻二人经营，妇人有些姿色，凭此招徕客人，有人勾引也不拒绝。这次来了一个货郎，挑着担子来投宿，与妇人拉拉扯扯，眷恋不去。虽然打着做买卖的招牌，却经常佯称有病，不出房门，与妇人喝酒取笑。店主人有时露出嫉妒的神态，货郎使用银钱拉拢收买。他经常在妇人面前夸口说："我在京城有许多银子，不久可拿来置田买地，终生享用不尽。"妇人很相信，更加巴结他。

有一天，货郎正坐在店中，进来一个捕役招呼打酒，货郎吓了一跳，举止失措。捕役察觉他行动异常，也就住下不走了，盘问他的来历，他支支吾吾，前言不搭后语。第二天，捕役把店主人叫到野外说："你店中的货郎是个大盗犯，你把实情告诉我，否则就要受连累。"店主人很害怕，把前因后果说了一遍。捕役把货郎给他的银子要来验视，原来是砸碎的元宝。于是召集地方保甲，前去把货郎抓住。搜查他的物品，里面还有半锭元宝。

押到官府，货郎供说："那一天我夹在巡更的夫役中间，混入了太仓，然后乘人不备，藏到暗处，夜深人静的时候用刀子割破口袋，拿出十锭元宝，把九锭埋在仓内西北角，用乱砖盖好，只拿出一锭越墙而出。我原来就贩卖杂货，作案后跑到此地，想等一两年事情过去再去取银，没想到这么快就败露了。”捕役拿着口供及物证连夜回京汇报，到太仓内北角，抛开砖石，挖开泥土，果见九锭元宝安然无恙。

海瑞验尸

明嘉靖年间，浙江省淳安县民胡胜荣、胡胜佑兄弟来县府控诉说，县民邵

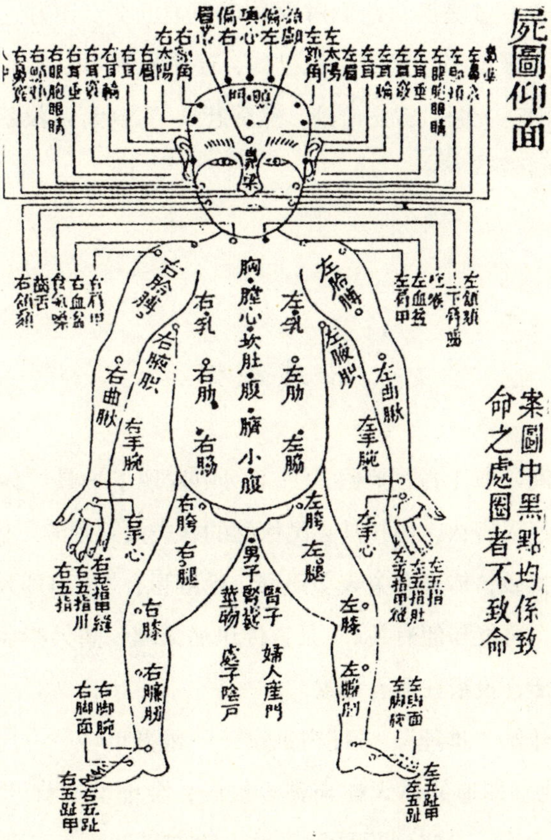

古代验尸所用的《正背人形图》

时重为争山地，打死了他们的哥哥胡胜祖，要求县府严惩凶手，为兄报仇，并抬来了胡胜祖的尸体作证。

淳安县知县海瑞受理了此案。查看胡胜祖的尸体，上面确有伤痕和血迹，可是，传来邵时重审讯，邵坚决不承认，说："争地之事有过，杀人之事绝无，请知县明断。"

海瑞为了查清真相，又让人把胡胜祖的尸体抬来，再次细致检验。发现尸骨上的"血迹"擦洗不掉，不像真的血迹。他让人找来一些胶脂，和在上面，用火烧烤一会，然后用水洗刷。洗刷好几次，盆里的水都红了，尸体上还留有红色，这哪是血迹？于是，海瑞再次提来胡胜荣兄弟，严词讯问，在事实面前，胡氏兄弟不得不承认了"诬告之罪"。

原来，胡氏哥哥胡胜祖过去同邵时重曾因争山地发生过纠纷，胡胜佑的一个外甥同邵时重也有过宿怨，他们对邵时重怀恨已久。正好这时胡胜祖得病死了，胡氏兄弟以为报复邵时重的时机已到，便偷偷在哥哥的尸体上假作了一些伤痕，又用朱脂涂在上面，冒充血迹，然后赴县"告状"。没想到机关算尽，也没能逃过海瑞的眼睛。

十载积案

明朝嘉靖年间，浙江省桐庐县的一条河中发现了一具尸体，身上压着一块大石头。捞上后经人辨认，得知是县民徐继的妹夫戴五孙的尸体。

桐庐县官闻报后，传来有关人员讯问。徐继说："出事那天，吏员潘天麒曾到戴五孙家去过，可能与他有关。"县官传讯潘天麒，潘天麒承认他那天带着仆人潘小毛出去公干，投宿在戴五孙家。

于是，县官开始"推理"，"投宿戴家……戴妻年轻……与潘勾搭……谋杀本夫……对!"他立即追问潘天麒与戴妻徐氏，要他们交代"因奸杀夫"的罪行。二人坚决不承认。县官则用严刑逼供，他们受刑不过，便诬认了。县官为自已"断案神速"而沾沾自喜，当堂判决："淫妇"徐氏谋杀亲夫，拟凌迟处死；“奸夫”潘天麒应予斩首。

上报杭州府后，推官刘某复审此案，觉得卷中疑点甚多，奸情缺乏根据，不能妄下结论。提审二人，二人又否认奸情杀人。刘推官说：“不是奸情杀人，便是斗殴杀人。”威逼潘天麒画供。于是潘天麒又以“斗殴杀人”罪，被改判绞刑。

案件再报到京城，大理寺一看此案前后矛盾，漏洞百出，当即予以驳回，责令重审。

杭州府为了慎重起见，任命桐庐县知县赵惟兴、建德县知县林以良、遂安县知县罗衮三人共同会审此案。

在调查中得知：发案当天徐继也在场，大有嫌疑。于是拘传徐继，徐继承认戴五孙是他打死的，但又说，他只是给潘天麒他们“帮帮忙”而已。三县知县不禁为“会审得实”、“找到真凶”而暗自庆幸。于是，判决“帮凶”徐继拟处绞刑；“淫妇”徐氏仍处凌迟；奸夫潘天麒仍处斩首。

再次上报，仍旧定不下来。徐氏和潘天麒又多次上告诉冤。就这样，一件案子经过多次审问，拖了十年，还是没能了结。

这时，淳安县知县海瑞“善断疑案”、“明察秋毫”的故事已经闻名遐迩了。于是，嘉靖四十年，巡按御史崔栋就把此案移到淳安县，交由海瑞审理。

海瑞细阅卷宗，发现了很多疑点：徐氏跟戴五孙结婚后，感情一直很好，生了二男一女，怎么会谋杀本夫？潘天麒也有妻室儿女，并非好色之徒，“奸情”从何说起？原判决书中说：“徐氏串通了她哥哥徐继，潘天麒串通了他的仆人潘小毛，掩护他俩通奸。”世上哪有这般“大张声势的通奸”？

海瑞深入邻里，细心察访，得到了一个重要线索：徐继的母亲汤氏曾借给女婿戴五孙三两银子；后来，徐继多次向戴索讨，都没有还回。

海瑞再次提审徐继，徐继还想狡辩，海瑞厉声喝道：“为了三两银子，杀人害命，还想抵赖？”徐继一看事已败露，扑通跪在地上，交代了害人的经过。原来，徐继看戴五孙借了三两银子，久久不还，便怀恨在心。那天，潘天麒带着仆人潘小毛公出，来到戴五孙家投宿。戴五孙出外买酒菜，正好碰上徐继，便请徐继喝酒。徐继追问他什么时候还？戴五孙恳请再宽限几天，徐继怒道：“我看你是存心赖账不还了！”戴五孙回言顶撞，徐继恼羞成怒，抱起石头砸死了戴五孙，然后把尸体扔进河里。

拖了十多年的积案，终于水落石出，徐氏和潘天麒得以保全了性命和名誉。

病妇之谜

清康熙年间，两江总督于成龙在做罗成县令时，有一日清晨路过邻县，看到几个男子抬着一张床在城外急行。床上躺着一个人，上面盖着一床大被子，从头到脚蒙得严严实实，只从枕头上露出一个发髻，发上插有一股簪钗，看来是个女人。抬床的有两个男子，床边还跟着三四个壮男，只见他们不时地用手把被子往病妇身下塞进去，好像是怕进风受凉。过了一会儿，抬床的两人显然是累了，于是在路边停下歇息，然后由另外两个男子去换着抬。

看到这里，于成龙打发手下的一个隶卒上前去询问："你们抬的是谁呀?"床边一个男子答道："这是我的妹妹，病已垂危，送她回夫家。"

待这几个人走远后，于成龙派另一隶卒悄悄跟踪他们，看他们抬到何处。隶卒尾随走了几里，来到一个村子。到了一户人家门口，那几个人停了下来，门口已有两个男子在等着，迎床进去后，关上了门。

于成龙听完报告，拜访当地县令，问道："你们这城里发生了盗窃案吗?"县令连连摇头说："没、没有啊!"当时清政府法令极严，如果什么地方发现劫盗，地方官有不可推脱的责任，所以很多官员都忌讳说盗，即使有被盗、被杀案，也往往隐而不言，以求无过。因此于成龙没再追问，回到自己馆舍，私下派了个精明可靠的亲信出去暗访，很快查出城中有一富商在前一天夜里被杀，家产被盗。

于成龙传来富商的儿子，询问被盗情况，富商儿子竟战战兢兢不敢承认。于成龙知道他有顾虑，就安慰道："这儿没有外人，你就放心说吧，我会给你抓到盗贼的。"富商儿子这才把父亲被杀、家财被盗之事详细说了一遍，然后声泪俱下地说："请大人做主，给我父亲报仇雪恨。"

于成龙又去见县令，告知了富商被害的情况，然后一同商量了拘捕盗贼的计划。半夜三更，一批身强力壮的差役出城来到那个村子，包围了抬进病床的那间房子。屋中八个盗贼一同落网，从屋中搜出大批金银财宝。又追问“病妇”究竟是谁？盗贼供认：那是他们在妓院鬼混结识的妓女，强盗在抢劫富商家后，即与妓女合谋由她冒充病妇，怀抱赃物躺在床上，混出城来，到此贼窝即分赃而去。

至此，“病妇”之谜终于揭开。事情传开后，人们都赞叹于成龙神通广大，明察秋毫。有人问他：“当初，你怎么就知道这几个人抬病妇是假的呢？”于成龙哈哈大笑道：“这很简单，但一般人不注意就不容易发现。你想，哪有一个妇女躺在床上能随便让人把手伸到被子底下去呢？再说，一个病妇有多重？这么多壮男居然要换肩抬，说明床上一定很重。又见他们不时用手去盖被子，说明里面必有见不得人的东西。另外，如果真是病妇回家，门口必有妇女迎候，而这家没有妇女，只见男子在门口等候，而且见到病妇抬来，竟连一句惊讶询问的话也没有，这不正是盗贼回窝的证明吗？”

借刀杀人

清代的胡秋潮担任博平县令时，金家庄有一个金四杀死妻子，投案自首。胡秋潮问他为什么杀死妻子，回答说：“小人娶张凤仪的十五岁女儿为妻，过门两年了。今年九月十三日，张氏与邻人高法科通奸，被小人撞见。父亲金管说这件事太丢脸，要我不要声张。小人气愤难消，就在十九日晚上将张氏杀死。”

当天，胡秋潮带领仵作前往勘验。已死的张氏遍体刃伤，确是一时气愤杀人的情形。然而胡秋潮发现金四投案时，说话和表情都那么沮丧，没有一点凶悍的神气，而且为什么发现奸情后过了五天，杀人的念头才炽热起来呢？杀人的手法为何残忍到如此地步！其人其事，使胡秋潮多有不解。胡秋潮便对金管说：“你儿媳张氏未必死在你儿子手里。”金管说：“媳妇确实死于儿子手上。如果是其他人杀的，我儿子岂肯依从？儿媳的父亲张凤仪岂肯依从？”邻人初泳全从旁连忙插话：“县太爷要问‘杀’，先问‘奸’。奸情证实了，金四杀死奸妇的事情就无疑了。”众说纷纭，很难判断。至于高法科与张氏通奸的事情，因为证据确凿，高无法抵赖。而张氏是否是她丈夫杀死的，一时很难定案。胡秋潮令人将张氏埋葬了，其余的人带到县衙内再进行审讯。反复审问了三天，都没审出新的情况。

胡秋潮正打算草拟公文，向上报告案情，忽然朋友从省城来看他，一见面便问：“此地发生了一桩人命案子?”胡秋潮问：“你是怎么知道的?”朋友回答说：“刚入境内，从偏僻小路走来，听到行人纷纷议论：谁说胡某人是一位青天大老爷，杀死张家女的凶手，还安然无恙，逍遥法外呢！”胡秋潮大吃一惊，说道：“果然其中有蹊跷。”当天提审金四，反复追问，并用话开导他：“我看你绝不是杀人的人。纵然是你杀死的，也必定有人帮忙。丈夫因奸杀妻无罪。旁人听从本夫，帮助犯罪，判刑也有区别。我已经访到这个人，你可以照实说。”金四供出，邻居初泳全帮助捉奸，并起意将张氏杀死。“小人想他出于义气，肯帮朋友出力，所以独自承担下来，前来自首，不忍心牵连他，这是实情。”胡秋潮说：“天下岂有真帮别人杀妻的人！你是受人愚弄了。”胡秋潮分析人命重案，不是因为奸情，就是因为盗贼。男人杀妇人，因为奸情的多。初泳全与张氏或许也不免有奸情。于是，胡秋潮秘密提高法科审问：“张氏与你通奸，此外还有其他人没有?”回答说：“先前有一个人，小人去后，便与那人断绝关系了。确不知道是谁。”这时，初泳全已经被释放回家，胡秋潮连夜发签将他拘捕到案。初泳全自以为立身事外，态度很强硬。胡秋潮喝问道：“好一个借刀杀人！初泳全你还装什么糊涂！”初泳全说：“有什么证据?”胡秋潮说：“先前你证人，现在人证你。你杀张氏有金四为证，奸张氏有高法科为证。你还有什么说的！”

初泳全最初以为金四不知奸情，才肯挺身而出，承担杀人罪责。现在已水落石出也无法狡辩，便低头承认自己设计杀死张氏，以防自己与张氏的奸情败露。

两案互证

清朝时，安徽省凤阳县发生了一起劫盗案。客商李良才路过凤阳县总堡地方，被一伙强盗劫去了全部钱财。官府闻报后，抓来十三名案犯，审讯完毕押到省里。柏台（御史台别称）委托官员高廷瑶复审。

高廷瑶提讯案犯问案，每个人的口供都看不出有丝毫的差别。又仔细查看赃册，只有一把刀始终没有下落。于是，高廷瑶心中便产生了怀疑。

过了一些时候，安徽省灵璧县又发生了一起强盗劈门入室杀死事主（刑案中的被害人）解士学的案件。官府捕获了武老汉等十名盗窃犯后，押往省里。省里也委托高廷瑶一并审理。

高廷瑶提问诸犯，口供均无多大差异。又见盗首武老汉身体长得很魁梧，便用言词挑诱他说："你知道你犯了什么罪吗?"武老汉回答道："我犯了死罪。"高廷瑶问："你觉得冤枉吗?"武老汉答："我杀死了事主，应该偿命，哪里谈得上什么冤枉?"高廷瑶说："你很明白，并不是糊涂贼。"深为惋惜地叹了口气，又问道："武老汉，以你这样好的身体，到寿春镇去当兵，何愁没有官做，为什么要做贼呢?"武老汉低头流泪，悔恨不已。高廷瑶又问："你既当盗贼，难道只偷了一次吗？你把从前做过的所有案子全部供出来。"武老汉答道："没有，就这一次。"高廷瑶说："哪有作案一次就被捕获的道理?"于是武老汉供道："过去曾盗窃过几次牛马，在凤阳县被捕，用石礅锁系禁锢，后被释放了。"高廷瑶说："这都是小事。要你交代的是类似解士学这样的重大案子。"武老汉沉默不语。

高廷瑶看出武老汉心中有鬼，又开导说："你只有一个脑袋，即使犯了三五个案子，也不过用一个脑袋抵偿。我也不能于你现在脑袋之外，更要第二个脑袋。但是，假如你隐匿不说，将来你被正法以后，地方官各自只顾处理你所犯过的其他案子，必然乱捉其他人来严刑审问；倘若诬服了，必定要判他死罪，这就是你冤枉别人了。而屈死者到阴间也会问你：'武老汉！你做的事难道还要我承担罪责吗？你得还我的脑袋！'这样，即使你今生的脑袋已砍去了，来世还要再砍一个脑袋还人，这才是真正要你第二个脑袋呀！你何不一一供出来呢。现在即使三起五起案子，不过用一个脑袋都完结了，将来一刀之后，万恶都除掉了。我看你好像是个明白人，本来必定是有善心的，只因为没有人对你教诲，迫于饥寒，才到了这个地步，怎么见得来世你不是一个善良的男子汉呢？为什么隐藏不说?"

听了这番话，武老汉甚为感动，从而醒悟，立即供出了另外一起案子：“去年五月间，我曾纠集另外八人结伙，在凤阳县总堡地方劫掠了一个过客，劫得银两及铺盖衣物等若干。”高廷瑶追问道：“那些赃款赃物你们怎么分的？”武老汉说：“共抢得银子一千五百两，因我是为首纠集大伙的，所以分得三百两银子，其余八人各分一百五十两。另外铺盖等物各人斟酌着分，记不清多少件了。还有过客的一把刀很好，我带回家，存放在我弟弟处。他在灵璧县城开屠宰店。”

审完武老汉，高廷瑶秘密返回柏台，立即派人持信赶赴灵璧县取出赃刀，并且捕获了另外五名盗窃犯。武老汉的讯供全部属实。高廷瑶让事主李良才领回失物。原来，被捕解省的十三名“犯人”都是因受刑不过被迫诬服的，因此一律予以释放。凤阳之案这才水落石出。

事后，省里的巡抚嘉奖了高廷瑶平反冤案有功，并准备专门向上面写报告推举高廷瑶。高廷瑶认为这样会对原审各官带来不良影响，极力推辞。巡抚赞扬说：“你心地很忠厚，令人敬佩。”便没有上报。

疯婿退婚

清道光年间，博平县城东章家的闺女许配给南邻李二为妻，还没过门，李二突然得了疯病，不懂人事。有时候，大白天里，拿着刀要杀他的老父亲。人们怕发生意外，都劝他父亲李进才把儿子锁起来，不让他到外面去。这样过了一年，李二疯病越来越重，章家早已听到一些风声。章家无子，只有这一个女儿，指望她养老送终，如今听说女婿这样，大失所望，想退婚，便托人婉言告诉李家。李进才也觉得儿子疯了，不能害人家的闺女，正要检点出婚帖送还章家，不料妻舅王书贵不答应，即以章家企图赖婚为由，告到县里。

王书贵是县学的一名老秀才，平素迂腐之气十足，状纸上写的尽是一些迂腐话，说什么：“贞妇不嫁二夫。俗话说得好，一女不受两家茶，章家女既许配给李家，就应该生为李家妇，死为李家鬼。况且，李二虽病，但还没死，未免有亏伦理，请求查禁。”

这时，博平县令胡秋潮已查访确实，当天就传唤人证到堂。李二疯子也由数人簇拥来了，疯疯癫癫的，见了亲生父亲李进才都不认识。胡秋潮一一问过证人，回答都与查访了解的情况吻合。令众人散去后，胡秋潮便对王书贵说：“你虽然读了几本书，却不懂得变通的道理。疯病不比其他疾病，瞎、聋、残疾的人，都还能结婚安家，李二昏头昏脑，连亲生父亲都不认识，又怎能知道有结发妻子？既不知有人伦常理，又怎能过夫妻生活。况且妇女有‘恶疾’就按照‘七出’的规定办理，为什么男子得疯病，一定要求未婚的女子过门守寡！本县考虑一个变通办法，断处此案。章家女对于李二，请等待三年。三年内疯病好了，仍为李二的妻子；不好，仍为章家的女儿，或守节、或改嫁，自行处理。”王书贵听了胡秋潮的这番话，也就不再固执己见了，情愿听从判决，息讼结案，立下文书等待三年。不出一年，李二病死，章家闺女也改嫁了。

雪砒馍冤

邓廷桢任西安知府的时候，汉中兵营有个士兵叫郑魁，因把砒霜放进馒头毒死了人，被判处死刑。卖砒霜的人和邻居的妇人都出来作证。案件已经定下来了，邓廷桢却感到可疑。他秘密地把卖馒头的人叫到跟前问道：“你一天卖多少馒头？”卖馒头的人回答：“两三百个。”又问：“一人大约买几个？”答道：“三四个。”再问：“那么你一天要同一百多个顾客打交道啊？”卖馒头的人回答：“是的。”邓廷桢接着问道：“这一百多人的相貌和姓名，以及买馒头的日期，你都能记得吗？”卖馒头的人回答：“不能。”邓说：“那么你怎么记得郑魁在几月几日买你的馒头呢？”

这个卖馒头的人吃了一惊，答不上来，邓廷桢一直追问，卖馒头的人才说：“我本不记得，县役来告诉我说，衙门里审问一个杀人犯，已经认罪了，只少一个卖馒头的证人，你何不为这件事作个证。”邓又审问邻妇，也回答是县役要她当证人，同卖馒头的人所说的一样。只有卖砒霜的人所提供的证言是真的。原来，死者曾经同郑魁吵过架，但却死于狂犬症，因此嘴唇发青，郑魁买砒霜则是为了毒老鼠。

劫夫奸妇

福山县一个富翁，视儿子如掌上明珠，并给他娶了一个十分漂亮的媳妇，一起住在楼上。这家有一个凶暴而又狡猾的仆人，见这个媳妇长得美丽，就反复设毒计要强奸她。一天凌晨，这个恶仆手拿绳索、铁钉和刀，悄悄地顺着扶梯上楼，进入卧室立即关上门，用大钉把门钉死，拿出一条绳子先把富翁的儿子捆到楼柱子上，又用一条绳子把媳妇绑在床上，强行奸污。这个媳妇既无法寻死，又无力抗拒，只是同她丈夫一起在楼上呼喊求救。他们的父母非常着急，想救他们，门已从里面关死进不去了。要破门进去，恶仆又在楼上威胁说，如果强行破门，就先把他们的儿子杀死。老头和老太太怕伤了儿子的性命，被恶仆所挟制，硬是无可奈何。

这个恶仆每天从楼上放下绳子向老头和老太太要吃要喝，不给就恐吓说要让他们的儿子挨饿。送的饮食不如意，就用棍棒打他们的儿子。所以老夫妻俩不敢不供给丰盛的食物。告到官府，官府因怕威胁其儿子的性命，不能捕获治罪。后来他们听说新上任的县令廉洁有才干，就去拦路喊冤。县令简单地看了一下状词，就把它投掷于地，说："这些年来，这类事大家都没法治，你们既然留恋儿子不忍心舍掉他的性命，我又有什么别的办法!"于是弃之不受理。老头只好回家同老太太暗自流泪。恶仆在楼上听到这个情况，越发洋洋得意。

有一天晚上，忽然见火光照耀，数十人攻门入室。紧接着，听到楼下有乞求救命和翻箱倒柜搜找东西的声音，恶仆在楼上听见非常惊慌。一会儿又听见这伙强盗吵嚷着说："这上面有楼，一定有藏钱的地方，为啥不搜出来一起搞走!"正在恶仆非常恐惧的时候，一伙人已破门拥入，他还没来得及往楼后藏匿，就被这伙强盗逮着捆起来了。

原来，这些人并不是强盗，而是县衙的捕快。这时人们才想到新来的县令不受理诉讼，是因为怕泄漏了意图，恶仆有所准备。这样出其不意地把他擒住了，真是高明啊！

一字定案

清代清凉道人所撰《德雨轩笔记》卷三上记载了这样一个故事：广西苍梧县县民余阿吕向县里控告邱以诚，说邱在康熙五十九年卖身给其父为仆，父死后，家贫不能养仆，邱遂出外谋生，今邱已富，而我很穷，叫邱用钱赎身，竟遭邱殴打。可是邱说，自己开米店，阿吕屡次赊米，欠钱不还，有账可查，现在向其索款，才彼此相殴，并无卖身为仆之事。县官看了余阿吕交来的邱以诚卖身契，叫邱照写数行，笔迹相似，但邱痛哭流涕，坚决不承认此事。县官对此一时无法判断。有一位幕友细看了契据，又查了《康熙字典》和当时历书后面的附录，就断定了契据是伪造的。幕友说，姓邱的“丘”字本无“阝”旁，雍正年间因避孔子（丘）讳，才加“阝”而成“邱”。卖身事在康熙五十九年，“丘”当无“阝”，今契内写作“邱”字，其伪可知。而且据邱供，邱今年四十八岁，当生于康熙五十年，至康熙五十九年，刚刚十岁。十岁的市井幼童，哪能写这样楷体端正的契据呢？县官据此严讯余阿吕，余无法狡辩，只好认罪。原来这张卖身契是别人替余模仿邱的笔迹伪造而成的。由于县官没有轻易判断，幕友又能细心推求，所以很快了结了此案。

细查真凶

清代，山东某县有一户人家，颇为殷实。有一年父亲娶了妾，生了一个儿子，正妻所生的两个儿子平素与这个小兄弟很不和睦，因此，父亲和长子、次子的关系也不很和睦。

过了几年，小妾所生的幼子长大成人，做父亲的就忙着替他娶媳妇，完成婚姻大事。办喜事的那一天，亲朋咸集，贵客盈门。正在花轿进门、新郎新娘要拜堂成亲的时刻，忽然发现新郎不知去向，于是阖家上下乱成一团，到处寻找。一连几天，也没有找到下落。过了一些日子，尸臭溢出，才从柴草房里找出幼子的尸首。即时报官，经过仵作勘验，死者颈部有缢痕，显然是生前被人勒死的。

幼子被人勒死，人家都怀疑是死者的长兄、次兄两人所为。父亲也向县官诉述了平时兄弟之间争吵不睦的情景。县官就把长兄、次兄拘来审问，各种刑罚用过之后，两人招认谋杀了弟弟，案件至此告一段落。

不久，县官调走，新县官上任，取来案卷审阅，产生了疑问：这哥俩谋害亲弟弟，什么时候都可以下手，为什么偏偏要选择新婚之日、亲朋聚集之时下手呢？心想其中必定还有另外的情节，如果不详细审问，很可能造成冤案。

新令尹对办喜事当天上门贺喜的客人，又重新调查了一遍，对他们逐个进行问话。后来，问到一个做瓦工的邻人，此人是最后去贺喜的。

新令尹问道："娶亲之日，你为何迟迟才去?"

那个瓦工答道："他家娶亲之日早晨，小人正替人家检修屋漏，所以去得迟了。"

新令尹道："你在房上，能望见他家吗？都看见了什么呢?"

瓦工答道："能望见。那天我看见某某廪生与新郎的侄女携手进了柴屋，随后又看见新郎拿着手纸，走过柴屋门前去上厕所。这时小人整瓦完工，就下屋，换了衣服，过来道喜，别的事情就没有见得了。"

新令尹道："凶手有了!"说罢就派差役将廪生及新郎的侄女拘来。在堂上一问，两人都招供了杀死新郎的事实。原来廪生和新郎的侄女早有私情，分别多年，一直没有机会相会，这天都来贺喜，见面之后，两人就到柴房来幽会，慌忙中竟忘了闭上柴房的门。不巧又遇到新郎上厕所，冲撞了两人的好事。两人为了免得丑事泄露，就动手将新郎勒死，塞在柴垛下面。杀完人，两人又说说笑笑，就像没那回事似的，还随着众人忙乱地找了一阵失踪的新郎。真相大白，新令尹判了两人死罪，释放了蒙冤的两兄弟。

分讯得实

清朝乾隆二十七年（公元1792年）八月，浙江省孝丰有个事主行船被劫，诉于官府，官府通令附近各县缉捕。

不久，邻近的平湖县有一个叫盛大的士兵，逃军回籍，纠合土匪行抢被捕。经审问，盛大承认是抢劫孝丰船的正盗。

平湖县知县刘冰斋署中有个书记（属吏）汪辉祖，来到刘冰斋馆里协办此案。汪辉祖翻阅盛大的供词记录，凡是起意、纠伙、行抢、打伤事主、劫获财物等，分条列表，无不具备。从材料看，盛大就是强盗无疑了。并且，已起出的蓝布棉被，经事主认明也确是盗赃。但是，汪辉祖总觉得材料有虚，不可轻信。当晚，建议刘冰斋提出盛大一伙人来复审，汪辉祖在后堂倾听。只听得盛大等人一一承认，并无惧色。再一细听，每个犯人招供时都滔滔不绝，滚瓜烂熟，好像背书一样，而且，为首的八个人供词都一样，没有一句有出入。汪辉祖越听越感到可疑。

第二天晚上，汪辉祖嘱咐刘冰斋，故意在案件中增加或减少一些情节，然后一个一个分别再审。结果，有的承认，有的不承认，八人所供各不相同，有的甚至号啕大哭起来，诉说冤枉。于是，汪辉祖叫刘冰斋停止审问，命令主管仓库和税务的人，按照事主先前认明的布被的颜色和新旧，借购了二十多条同样的被子。汪辉祖私下里在事主已认明的“赃被”上做了记号，然后跟二十条被子夹杂在一起，嘱咐刘冰斋，让事主当堂认领。结果，事主懵懵懂懂，竟认不出哪条是他的了。于是，又把盛大一伙提审，仔细讯问，这回都不承认劫盗。经再三追问，才弄清其中原委。

原来，盛大被捕到官府后，自己觉得逃军犯抢绝无活命的道理，所以，审问抢劫时，便信口雌黄，妄自承招了。而和他一起被捕的人，见他承认了，也就随声附和。那条“赃被”其实是盛大自己的。本来，这件案子如果按照法律，裁决得准，即使是他本人的罪，也判不了死刑。

据此，汪辉祖建议刘冰斋开脱盛大的罪责，没想到全署立即喧哗起来，纷纷指责汪辉祖不按法律办事，曲情纵容罪犯。汪辉祖听了，便向刘冰斋辞职。刘冰斋婉言劝留。汪辉祖斩钉截铁地说："如果一定要留我，非开脱盛大不可。你想，被抢去的赃物很多，单凭一条好像是赃证又不确凿的被子就定罪，杀好几个人，这怎么能行？我不忍心因贪恋一个馆地的小小官职而遗祸子孙。不光如此，而且为你打算，恐怕你日后也免不了受连累。"这时，署中反对开脱盛大的人，仍然在私下里议论不休。但是，刘冰斋没听他们的话，终于开释了盛大。

过了两年，刘冰斋被保举升任知府，交卸印信启程赴省。恰好这时，元和县在审案中查获了孝丰劫船案，逮住了真正的强盗。把赃物起出来后，经事主辨认，确凿无疑，刘冰斋立即赶到苏州，参加会审，最后了结定案。

结案后，刘冰斋问汪辉祖道："当初，你竭力为盛大开脱罪责，为什么那样神明？"汪辉祖说："你不该抵罪，我不该绝后。"从此，汪辉祖在办案中，越发不敢轻易拿犯人草供作为定案的依据了。

第四编 刑罚典故

古代的赎刑

赎刑在我国历史上出现很早。《左传》昭公六年说，“夏有乱政而作禹刑”，《尚书大传》说，“夏后氏不杀不刑，死罪罚三千馔”。夏代是我国第一个奴隶制王朝，这时已有包括赎刑在内的刑法当是可信的。

据《史记·殷本纪》载，纣王曾囚周文王于羑里，后由闳夭等人求美女、奇物、善马等献给纣王，文王方得赦出，似商亦有赎刑。西周之有赎刑可从《尚书·吕刑》“训夏赎刑”一语得知。《礼记·曲礼》说西周的刑罚原则是“刑不上大夫”。西周铜器“师旅鼎”和“朕匜”等铭文中有“罚金”的记载，可作西周有赎刑的证据。

春秋时期齐国曾实行过赎刑。《国语·齐语》记桓公问管仲，齐国甲兵少怎么办？管仲说：“轻过移诸甲兵。”其办法是“制重罪赎以犀甲一戟，轻罪赎以鞼盾一戟。”《史记·官晏列传》还载有晏子曾以驾车的马（左骖）赎出身陷图圄的齐国贤人越石父的故事。

从新发现的秦简看，在秦律中，赎刑是使用得比较普通的一种刑罚。有赎迁、赎刑、赎黥、赎宫、赎鬼薪鋈足和赎死。秦的赎刑一般是以金钱赎，但如无力缴纳赎金则强令以劳役相抵。

汉的赎刑亦有金赎和役赎。《汉书·惠帝记》说：“民有罪，得买爵三十级以免死罪。”汉时爵一级值钱二千，三十级六万。至武帝时，募死罪入赎钱五十万减死一等。据《汉书·刑法志》“太仓令淳于公有罪当刑”，其女缇萦到长安上书说：“愿没入官婢，以赎父刑罪，使得自新。”说明汉代有役赎。东汉时赎刑制度进一步盛行。明帝即位，诏天下亡命殊死以下听赎，并规定：死罪入缣二十匹；斩右趾，髡钳城旦募十匹；完城旦舂至司寇作三匹。魏、晋、南北朝因袭汉制，按罪行大小赎金各有等差，缴纳金、钱、布帛。

隋、唐的赎刑制度基本相同。唐律规定：死刑绞斩赎铜百二十斤。流刑根据远近赎铜各有等差。同时又规定有的不准赎刑，如妇女犯奸等。宋代赎刑比唐代严格，规定只有轻罪才可以赎。辽、金、西夏比宋稍宽，规定民年七十以上、十五以下犯罪者听以赎论。

明代的赎刑开始规定缴纳铜，后来规定缴纳马。之后，又规定缴纳钞、钱和银以代替铜和马。清代赎刑分三种，为纳赎、收赎和赎罪，即根据各种人的不同身份按赎刑的轻重缴纳赎金。

赎刑除金钱和劳役赎形式外，还有以官爵赎的规定。《汉官旧仪》说："秦制二十爵，男子赐爵一级以上，有罪以减。"秦简《法律答问》有一条规定，即有公士爵位的人如犯赎刑罪可以减为赎耐。以爵抵罪到南北朝时发展为"官当"，即以官抵罪。到隋唐，官当成为定制。法律虽未用官当之名，但就官吏犯杖罪来说，事实上就是官当。

作为刑法主要内容之一的赎刑，同财产私有关系密切。如果当时没有私有财产，这种"刑罚"方法是无从确定的。但到了奴隶社会和封建社会，赎刑便与"刑不上大夫"的司法原则、"八议"之法和罚金制度一样，成为有产阶级享有的众多法律特权之一。

古代的磔刑

磔，即分裂肢体，然后"张其尸"以示众的一种酷刑。《周礼·秋官·掌戮》说："掌斩杀贼谍而博之。"又说："杀王之亲者，辜之。"其中"博"和"辜"都是磔，两者的区别在于，"博，当为膊……膊谓去衣磔之"（《周礼》郑玄注），而"辜"则是焚裂躯体。磔在秦时被称为矺死，《史记·李斯列传》说："十公主矺死于杜。"司以贞《索隐》注："矺音宅，与磔同，古今字异耳。磔谓裂其肢体而杀之。"汉初承袭秦制，在死刑中也规定有磔，其后于景帝中元二年（公元前148年）将磔并入弃市（市死曰弃市，市众所聚，言与众人共弃之也），除非妖逆，不再用磔。南北朝时，北周有死刑五种，其中之一是"磬"，也就是"磔"。隋唐以后，磔虽然在法律的规定中不再出现，但在法外用刑中时有出现。

古代的流刑

流放又称流刑，是中国古代的主要刑罚方式之一，它起于秦，形成于北朝，至隋唐臻于完备，构成了中华法系的一大特色。

谈到古代流放，一般上溯至《尚书·舜典》中的“流宥五刑”。《舜典》中的“流”也只是传说中的“流共工于幽州，放欢兜于崇山，窜三苗于三危”。可见流放是将罪人放逐到本国控制范围内的偏僻地区，地点由国家指定，罪犯往往要服劳役。

在中国历史上，流放源于秦的迁徙制。秦本为西鄙小国，穆公以后国势渐强，至秦始皇时代，终于统一全国。在这一历史进程中，边地、新地急剧增加，为有效控制这些地区，便大量征发百姓谪守戍边，或直接移民守边。对于一些犯罪人员，也开始以迁、徙作为处罚手段。如商鞅变法后，“秦民初言令不便者，有来言令便者。卫鞅曰：‘此皆乱化之民也。’尽迁之于边地”。昭襄王以后，对罪人的迁徙逐渐增多。秦始皇三十四年，曾徙“天下有罪适吏民置南海故大越处，以备东海外越”（《史记·秦始皇本纪》），这些有罪适吏民就是初期被流放者。

两汉时代，流放制度发生了较大变化。首先是流放刑级上升。“减死罪一等”的流放占据了主导地位，流放实际上已升至死刑之下。两汉时代，流刑虽然实际上已上升至死刑之下，但尚未列入主刑，也未普遍应用，流放的种类、量刑、适用、执行等都缺乏系统、明确的规定。

魏晋十六国时代，战乱不断，流放一度萎缩。至北朝，流放正式上升为五刑之一，流放制度完全形成。北朝流放制度的形成主要体现在北魏、北周二代对流放制度的发展上。

北魏立国后，曾多次进行法律改革，可惜诸律多未传下，但从有关记载看，北魏时流放已正式列为五刑之一。《魏书·崔亮传》引《魏律》：“临军征讨，而故留不赴者，死；军还先归者，流。”流，作为死刑下的刑名正式出现，已不同于前代的减死罪一等。《魏书·刑罚志》引《贼律》云："谋杀人而发觉者，流，从者，五岁刑；已伤及杀而还苏者，死，从者，流。"五岁刑为北魏徒刑最高一等，由此可见，流放在死刑下，徒刑上。《魏书·孝庄纪》记载建义二年四月"曲赦畿内死罪至流人减一等，徒刑以下悉免"亦资一证。又《魏书·高闾传》云："自鞭杖以上至于死罪，皆谓之刑。"可知北魏五刑依次为死、流、徒、杖、鞭，被此后诸朝沿袭。

至北周时代，随着府兵制的实施与推广，边地兵源相对充足，而且府兵兵士地位较高，以流人戍边充军既无必要也不合适。因此，便将流放分为五等，最近者距都城二千五百里，最远者四千里，每等之间相差五百里，分别处置犯罪轻重不同的流犯（参见《隋书·刑法志》）。至此，流犯制度完全形成。

流放制度形成后，至唐臻于完备，此后诸朝，除新设刺配充军内容外，其他无大变化。唐代流放初分三等，依次为二千里、二千五百里、三千里，称三流，三流均居役一年。后来对于较重的罪犯又设加役流，一般是"流三千里，居作三年"（《唐律疏议·名例》）。三流与加役流的划分一直沿用至清。

古代的代刑

在古代，平民犯了重罪，但往往因其子孙兄弟请求代刑而对其加以赦免或减轻，即代刑。这在法律上本无根据，不过因历来的政教都注重伦常孝悌之道，帝王为了表扬这种精神，遇到这一类的事情常由有司奏明，经皇帝的裁决而加以特赦或减刑。

缇萦救父的故事只是许多故事中最为人所熟悉的一个而已。这一类的例子，若一一保留至今，必至未可殚纪。有时代刑甚至成为国家规定的制度，人民可依例申请，于是请求代刑便成为合法的权利了。汉明帝时诏徙边者，父母、同产欲相代者，恣听之。永初中，尚书陈忠上言母子兄弟相代死者，听赦所代者，帝从之。明宪宗时定制：凡民八十以上及笃疾有犯，应永戍者，以子孙发遣；应充军以下者，免之。在这种情况之下，代刑不仅是子孙的权利，且成为规定的义务了。

由此可见，超乎法律之外的“代刑”的产生，自是由于儒家思想影响的结果。古代法律可说是全为儒家的伦理思想和礼教所支配，其实质乃是中国古代法律的儒家化。

古代的戒具

戒具，也称狱具，是各种用于限制囚犯人身及行动自由的刑具的总称。

先秦时期最常用的戒具，有桎、梏和拲。桎是足械；梏是首械；拲为手械。后人将桎、梏、拲三者合称为“三木”。它们的使用，据《周礼·秋官·掌囚》的记载：“凡囚者，上罪梏拲而桎，中罪桎梏，下罪梏。王之同族拲，有爵者桎，以待弊罪。”

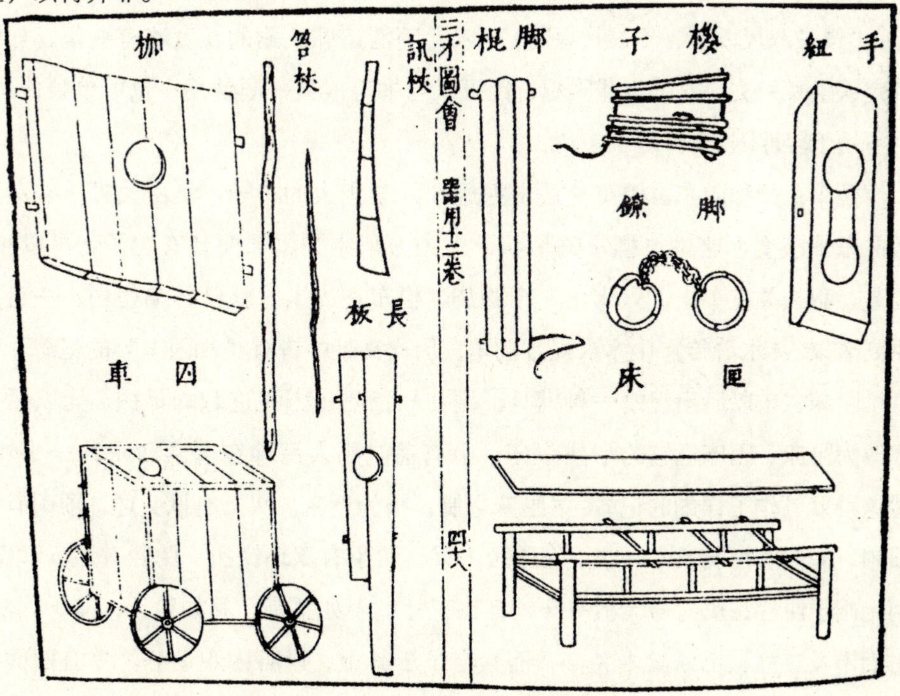

明代《三才图会》中记载的刑具及戒具图

秦汉时常用的狱具，除了桎、梏、拲等“三木”以外，还有钳、釱等。钳戴于囚犯的颈部，釱戴于囚犯的足上，其作用与桎、梏相似，只是钳、釱都是铁制的。

魏晋以后狱具主要有以下几种。

枷：用在罪犯颈项上的刑具。将木制枷枷在犯人颈上，为小枷；大枷是将颈首与双手同时枷于一起。在枷上标明罪状，号令示众。

杻、镣：束缚囚犯手足的枷具。杻，又称“手杻”，俗作手铐，是一种长方形、中有两个圆孔以容纳囚犯两手的狱具。唐代《狱官令》中规定：“杻长六寸以上，二尺以下，广三寸，厚一寸。”宋元以后基本沿用这一规格。镣，又称脚镣，它的形状是两个铁制的环，分别着于囚犯的两足，中间用铁链相连，以限制囚犯的行走自由。《大元通制》载：“镣，连环，重三斤。”

锁：又称铁索，也称锒铛，是我国古代最为常用的狱具之一。“锒铛入狱”的说法，即指用此戒具。古代小说中说到差役抓人时，往往是“一抖铁锁，往脖子上一套，拉了就走”，生动地说明了此具用于颈上。唐代《狱官令》中规定：“锁长八尺以上，丈二尺以下。”宋元明清诸朝铁索的长度略有变化，如明清定铁索长一丈。对于重罪囚犯，锁可以与枷等戒具一同使用；也可单独使用，主要用于轻罪囚犯。

槛车：又称囚车。槛车是用于押送和囚禁犯人的车子，是由关押、装运猛兽的车子演变而来的。槛车的形状，上为方形木笼，下面装有轮子，可以推、拉走，犯人关在车里，只露出一个脑袋。槛车在先秦时就已普遍使用，一直沿用到清末。《水浒传》中多次提到槛车，历代文献中皆有“劫囚车”的记载。

匣床：宋以后出现的一种狱具，最初只指防止囚犯逃跑的足械，元以后正式改为匣床、囚床。它的形状似床，上有盖。明人吕坤在《实政录》一书中，对这种狱具作了详细的记载：“匣床之制，极为严密。头上有揪头环，项间有夹项锁，胸前有拦胸铁索，腹上有压腹木梁，两手有双环铁扭，两胫有短索铁镣，两足闸于匣栏，仍有号天板一叶，钉长三寸，密如猬刺，利如狼牙，盖于囚身，去面不及二寸，仍以梟木关闸，而禁卒卧于其上，以听囚犯动静。复有四面棂栏，状如鸟笼，人缚在槛，四体如僵，手足不得屈伸，肩背不得辗转。”囚犯关在匣床里面，不用说蚊叮虫咬，就是“毒蝎蜇身，饿鼠啮足，蚰蜒入脑，大蛇缠头”，也丝毫不能动弹。据《元典章》载：“江南诸处官府，在牢设置匣床。”明代成为定制，适用于强盗、人命重刑犯。清代沿袭，但对此有所限制，规定：若滥用匣床，有关狱官革职，杖一百，流三千里，禁卒杖一百。匣床这一刑具至1912年后才废止。

宦官的处罚

宦官犯罪的处罚方式在法律上未作规定，一般由皇帝根据历朝形成的惯例和该犯的案情，确定采用何种方式。宦官的处罚有其独特的体系，基本可以分为行政处分和刑罚两大类。

从明嘉靖年间宦官犯罪所受到的具体处罚来看，宦官犯罪大多予以行政处分。一般情况下依其轻重序列有平调、降调、革职在私宅闲住或发往南京新房闲住、发往南京孝陵卫种菜、发南海子常川打更等。

被皇帝认为是性质恶劣、情节严重的犯罪而受到刑罚的，在宦官犯罪中只占很小的比例。嘉靖年间对宦官的刑罚有体刑、赎刑、籍没财产和死刑。受体刑者，实际上是皇帝“示意杀人”，往往“十无一存”。而赎刑则专用于死罪，一般情况下都可以交纳一定的罚金代替死刑。籍没财产入官，往往用于经济上犯罪的上层太监。

显然，除了极少数例外的情况之外，宦官犯罪的处罚方式比法律规定的刑种要轻，同时又因无明文规定而带有很大的不确定性，这是皇帝对官宦犯罪实行轻刑的指导思想的必然结果。

拶指与脑箍

拶指，也叫指拶或夹，是一种专门用来夹手的刑具，多用于拷讯女性。这种刑具产生于隋唐以后，在明清两代被广泛使用。《大清会典事例·刑部·明例律》载：“妇人供辞不实，用拶指。以圆木五根为主，各长七寸，经圆各五分（后改为四分五厘）”，用绳索将之穿起来，施刑时夹住犯人的手指，急速收紧，使人痛苦不堪。只要吏员使劲，十个指骨就会被夹断。

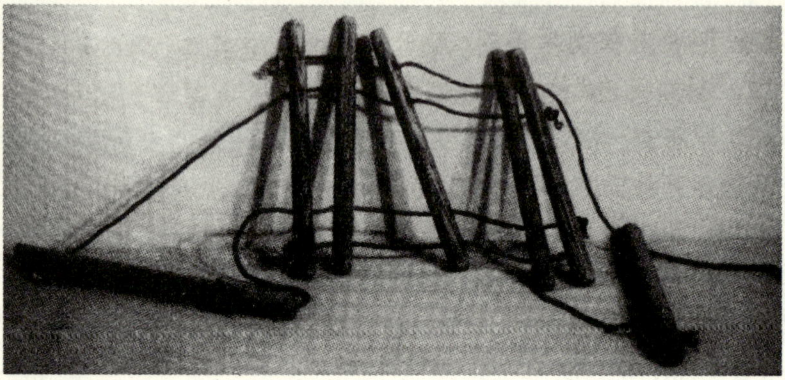

拶指

脑箍，由唐代酷吏始创。《旧唐书·酷吏传》载：武则天时期，酷吏索元礼制作铁箍，套在犯人头上，后间加木楔，用锤子敲打木楔，疼如刀劈，竟至头颅开裂，脑浆流出，谓之“脑箍”。《宋史·刑法志》载：理宗时，监司、郡守擅置狱具，“或缠绳于首，加以木楔，名曰脑箍，痛深骨髓，几乎殒命。”明清沿用，《明史·刑法志》载：“酷吏辄用梃棍、夹棍、脑箍……俱奏请，罪至充军。”丘濬《大学衍义补·慎刑宪·制刑狱之具》载：“近来以来，乃有等酷虐之吏，忠为刑具，如夹棍、脑箍、烙铁之类。”《清会典事例·刑部·名例律》：“捕获强盗，有妄用脑箍。”

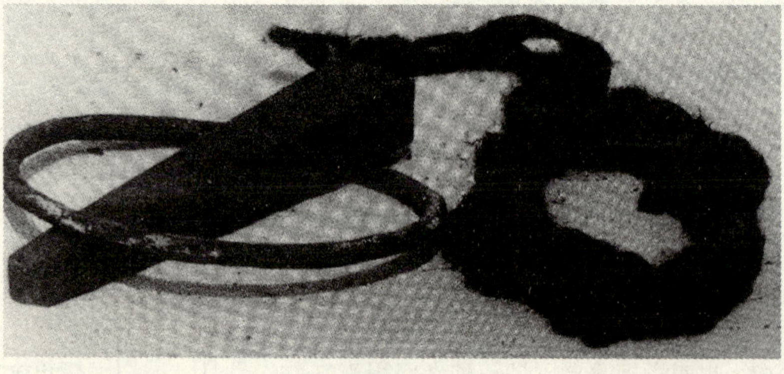

脑箍

炮烙

炮烙，本称“炮格”，是殷代所用的一种酷刑。施行之时，将铜柱横过来加炭火燃烧，让罪囚在上面光着脚行走。不久铜柱火烫，罪囚因脚底烧烂不能支撑而跌落炭火之中，最终被活活烧死。此刑原载《史记·殷本纪》：“百姓怨望而诸侯有畔者，于是纣乃重刑辟，有炮格之法。”对此，《集能》引《列女传》说：“青铜柱，下加之炭，令有罪者行焉，辄堕炭中，妲己笑，名曰炮格之刑。”而司马贞《索隐》则说：“见蚁市铜斗，足废而死，于是为铜格，炊炭其下，使罪人步其上。”说法与《列女传》稍有不同。其后《元典章·刑法二》中也有“以致非法将平人拷讯及用炮烙惨酷之物，理当禁治”的记载。这说明有元一代，炮烙之刑亦有使用。

弃市

所谓弃市，就是在闹市中将犯人处死，然后暴尸示众，《礼记·王制》即有“刑人于市，于众弃之”的说法。早在殷周之时，就有了弃市之刑。《周礼·秋官·掌戮》说：“凡杀人者踣诸市，肆之三日。”

在秦代，弃市是死刑中最为常用的一种。《秦简·法律答问》载：“同父异母相与奸，何论？弃市。”《史记·秦始皇本纪》记载：“有敢偶语诗书者，弃市。”其后，汉、魏、晋、南北朝仍有沿用。隋唐以后，弃市已不见于律书记载，但对于绞、斩、枭首、凌迟等刑，却都仍在闹市执行，并且陈尸于众，可谓弃市的翻版。

剖心、剖腹

剖心、剖腹是法律之外的酷刑。《庄子·盗跖》篇有“子胥沉江，比干剖心”的记载，《史记·殷本纪》也载：比干强谏殷纣王，纣怒，“剖比干，观其心”。《钟离别传》引《周书》有秦惠文王剖吴旦生腹，看他是否偷吃了宗庙御桃的事。至于用剖心来祭祀死者，则始见于《新五代史·吴越世家》所载杜稜“执薛朗，剖其心以祭宝”。在《宋朝事实》卷十六中，载宋仁宗庆历四年(1044年)，官兵在镇压广西欧希范领导的少数民族起义中攻破环州，竟用先“剖腹”而后“醢”（把人剁成肉酱）的酷刑，残杀了欧希范等人。

枭首

这是一种斩首后把头高挂在木杆上的死刑。因为与枭死相似，所以称为“枭首”。传说母枭为幼枭哺食，待到母枭力尽目盲，不能再为幼枭哺食时，幼枭便一起啄食母枭的肉，母枭知不能避，也就用嘴死死啮住树枝，听凭幼枭啄食而死，死后仅留一首空挂于枝头。大概在周初之时，就已有了枭首之刑。据载周武王伐纣时，就将纣王首级挂在白旗上。但是枭首作为制度，则是秦朝。《史记·秦始皇本纪》“集解”说：“悬首于木上曰枭”。《秦会要补订》也说：“悬首于木上杆头，以示大罪，秦刑也。”又据《史记·秦始皇本纪》记载，始皇九年，对参加嫪毐叛乱集团的“卫尉竭、内史肆，佐弋竭、中大夫令齐等二十人皆枭首”。其后汉承秦制，枭首成为死刑的主要执行方法之一。据《汉书·刑法志》载：“当三族者，皆先黥、劓、斩左右止（趾），笞杀之，枭其首，菹其骨肉于市”，可见这时的枭首，又成了“具五刑”中的一种了。晋时，对于“恶之长”的犯罪分子，也处以枭首之刑。南朝梁、陈对于犯大罪的，均刑以枭首，北魏、北齐、北周等朝，也都有枭首之刑。到隋朝，枭首之法废而不行，唐、宋、元各朝也都禁用，而在辽代法律中，却又有枭、磔等法，其后明、清两朝，对于强盗也常施用枭首之刑。

定杀

定杀，就是将犯人投进水里淹死的死刑。据《秦简》记载，麻风病患者如果“有罪”，就要用“定杀”的办法来将他处死。秦朝以后，“定杀”不见于各朝法律，但曹魏的“汙潴”，北魏的“沉渊”，宋代的“水淹”等刑，则或多或少是受了“定杀”的影响。

宫刑

宫刑，就是对人的生殖器官实行阉割，使其失去性机能的一种刑罚。郑玄注《周礼·秋官》载：“男女不以义交，其刑宫”；班固《白虎通》载：“女子淫，执置宫中不得出；丈夫淫，割其势”。沈家本在《历代刑法考》中提到：“宫刑，主为淫者，后人被此罪者，未必尽皆为淫。”可见宫刑不但施于淫者，同时也被广泛用于他处。

《诗经·小雅》中提到的一个受宫刑者孟子（此孟子并非孟轲），是目前所知中国古代最早的一个宫刑受害者。《左传·昭公五年》记载，春秋时期，晋国上大夫羊舌肸适楚，楚王欲施宫刑以辱晋；《史记·秦始皇本纪》说，“隐宫徒刑者七十余万人”，可见宫刑施用之滥。汉代司马迁也惨遭宫刑，因为他为与匈奴作战失败的将军李陵辩护而激怒了汉武帝。

宫刑施于男性，就是阉割其生殖器；施于女性，即所谓“幽闭”。对于“幽闭”，历来有两种不同的说法，一种是认为禁闭于宫中，另一种是认为用棍棒捶击女性胸腹，压迫子宫堕入腔道，以妨交接。但据褚人获《坚瓠集》续集卷四“妇女幽闭条”所载，其操作过程为：用木棒椎击女性胸腹，使子宫韧带松弛，人为造成子宫脱垂，其结果即如现在的子宫脱垂症。

宫刑是一种最侮辱人格的肉刑。受宫刑者，虽然在肉体上没有消失，苟且保存着残缺的生命，但精神上的创伤是难以形容的。司马迁在蒙受宫刑之后痛不欲生，他在《报任安书》中说：“行莫丑于辱先，诟莫大于宫刑。”

车裂

车裂，又称车磔、轘裂、轘等，俗称“五马分尸”。执行时，将罪犯的头和四肢分别拴在五辆马车上，然后同时驱马朝五个方向分驰，将犯人的躯体撕裂。从文献记载看，车裂始于周代。《左传·恒之十八年》和《宣公十一年》中，分别载有“而轘高渠弥”和“杀夏征舒，轘渚粟门”之事。战国之时，秦惠文君车裂商鞅“以徇秦国”（《史记·秦始皇本纪》），后来秦始皇也用车裂处决了作乱的长信侯嫪毐（《史记·秦始皇本纪》）。东汉时，又有车裂张角别党马无义的记录。延至三国，东吴的孙皓车裂张俊。其后北魏、北齐、北周都有车裂之刑，其中北齐死刑四等，重者为轘，北周死刑有五，其五即为裂。至隋代制法，更定五刑，废除了前代鞭刑和枭首、车裂之法，定死刑为绞、斩两种，但隋炀帝复对杨玄感行轘裂之法。唐代以后，车裂基本废除。

竹签

竹签，由此令人想到我们经常用的牙签，就是这样一种很不起眼的小物件，也曾在刑罚和拷讯的舞台上大展身手，横行一时。汉朝部员薛安奉命去扬州清查仓库账目，把管理仓库的小吏戴就逮捕，逼他揭发郡太守成公浮。薛安曾将铁针钉入戴就的指甲里，然后逼他挖地上的硬土。唐朝开元初年，酷吏王旭常常将竹签削尖，钉入罪犯的指甲内，受刑者会疼得死去活来。

骑木驴

中国有句古语说："万恶淫为首，论迹不论心，论心千古无空人。"这说明，淫心难免人人都有，对此如不施以重刑，就势必弄得天下大乱。古代历来就有惩治男女淫罪的肉刑，如椓刑、宫刑等，骑木驴也是一种惩治淫罪的刑罚。骑木驴最早源于北周以前，在历史上承沿达千年之久。那时家法和族法未能与国家法典同时存在，对于犯淫罪妇女的惩罚多由家法和族法来制裁，官府不予过问。再说家庭中出了丑事，张扬出去有损家风，整个家庭也不光彩。有的人家秘密将犯淫罪的女性身缚巨石投入水中淹死，或将其投入枯井掩埋，免得给家人丢脸。如果暴露张扬出去，则要经官。

这类事情要是经过官府处理，则要将犯淫罪的妇女挂上犯由牌骑在马上走乡串户示众。后蜀孟昶广政元年，一名游街示众的"淫妇"正好遇上一个科考得中的才子，骑着高头大马披红挂彩得意洋洋地炫耀乡里。叫人哭笑不得的是，才子骑的是一头雄性马，而"淫妇"骑的是一匹发情的骒马，两马相遇互相盘亘不肯离去，迫不及待就要交配，围观众人掩面而笑，十分尴尬。这件事一时传遍乡里成为笑柄。中国封建社会从来就是放纵男人限制女人，抬举男人压迫女人，而骑马无疑是尊敬人和抬举人的，更何况差人在地上走，而"淫妇"则骑在马背上，不成体统。因而，此后便不用真的马匹来处罚"淫妇"了。

北周时官吏让木匠专门做成木马，马背上竖着尖朝上的大钉，因此也叫刺马。官吏们将"淫妇"裸身绑缚在木马上，让尖钉刺入妇人的阴部游街示众。围观的人还要掷石块、吐唾沫进行辱骂。妇人两股之间流着鲜血，被钉尖刺痛的下身非常疼痛，甚至令人不得生还。但是，不管木马还是刺马毕竟是马，仍然让一些人感到不舒服。于是有人将木马改为木驴，最直接的解释是，驴一年四季性欲旺盛，经常呼叫寻找异性，所以乡下人称之为"大叫驴"。

明朝时一位在中国考察法律制度的日本学者，在著作中写到亲眼所见的一例骑木驴事件。驴背上为木制刀刃状尖峰，妇人裸着下体骑在驴背上，尖锋插入其阴。差役推动木驴行走，妇女阴户直接触及驴背，如刀子剐割。其四肢被束缚得很结实，坐又坐不下，站又站不起来，阴部流出的鲜血染红了驴背，后来盆骨被颠碎，连哭喊的声音也发不出来，于是便昏过去了。

有些地方官吏在驴背上直竖起一根与驴的阳具相似的木桩，妇人骑上后让木桩插入阴户，以此羞辱和残害妇女。更有甚者，清朝有一种木驴，下面四个木轮内侧安装了传导装置，车轮转一圈木桩就捣入妇女阴户一次，阴户常常被捣得血肉模糊，直至命殒。本意用来示辱的木驴，却成了杀人的刑具。

凌迟

凌迟，俗称“千刀万剐”，是一种“先断其肢体，乃抉其吭”（《宋史·刑法志》）的酷刑，它使人备尝痛苦，然后慢慢死去。从记载来看，凌迟之刑大概起始于五代，至辽代则正式定为死刑之一。凌迟之刑虽未见诸明代律文，但却录于《大诰》。而其时施行之残酷，更甚于《宋史·刑法志》的记载。据明代王明德《读律佩觿》说：“其法乃寸而磔之，必至体无馀脔，然后为之割其势，女则幽其闭，出其脏腑，以毕其命，支分节解，菹其骨而后已。”在《大清律》中，则明确载有对“谋反”、“大逆”、“逆伦”等罪施以凌迟之刑的条目。直至光绪三十一年（1905年），凌迟之刑才被正式废除。

绞

绞即用帛或绳索将犯人勒死。由于绞可以保留全尸，所以比起身首分离的斩要来得轻。从《左传·哀公二年》“若其有罪，绞缢以戮”的记载来看，至少

绞刑

早在周代，就已经有了绞刑。《战国策·秦策》载：“应候欲伐赵，武安君难之，去咸阳七里，绞而死之。”则可见战国时秦国也用绞刑。然而，绞刑正式成为法定的死刑，则始于北魏。据《魏书·刑罚志》载，其时“分大辟为二科死：绞、斩。”后来北齐、北周又改弃市为绞刑。至隋代，法定刑为斩、绞两等，唐代沿用。《唐律疏议·名例律》说：“绞，斩之坐，刑之极也。”又据《断狱律》规定，绞、斩以外的其他残酷死刑一律不准再用，就是对于应斩而绞或应绞而斩的，也要追究执行主持的刑事责任。自此以后，除元代法律有斩无绞外，历代法律都把绞刑列入死刑之内，直至清末。

斩

《释名·释丧制》载："斫头曰斩首，斫腰曰腰斩。"可见作为死刑的斩，在古代有斩首和斩腰的不同。一般说来，自周朝以至于秦汉，斩首和腰斩都是死刑中较为常用的，又因为腰斩不会即刻死去，因此更为残酷。《史记·商君列传》有"不告奸者腰斩"的记载。有汉一代，斩首也称"殊死"。南北朝时，腰斩已退居次要地位。隋唐时死刑为斩、绞两种，已经没有腰斩的规定了。其后历代承袭。在明律中，斩又分为"决不待时"和"缓斩"。清沿明制，不过将"决不待时"改为"斩立决"，"缓斩"改为"斩监候"而已。

廷杖

顾名思义，廷杖就是在朝堂之上对大臣施行杖刑的处罚。廷杖不载于封建国家的法典正刑，但在相当长的时间里，却为众多皇帝所采用，对封建社会的政治、文化、法律生活，产生了重要的影响。

廷杖之事始于何时，学术界也一直聚讼纷纭，没有定论。至今影响较大者有三，即明代说、金元说和隋唐说。据考，廷杖的始行时间至迟当不晚于东汉初年，换言之，自有刑杖之名，廷杖之事也就随之出现了。汉光武时，尚书近臣已加捶扑，据《后汉书》卷二九《申屠刚传》记载："时内外群官多帝（光武帝）自选举，加以法理严察，职事过苦，尚书近臣，乃至捶扑牵曳于前，群臣莫敢正言，刚每辄极谏。"又《北堂书钞》卷四五《三辅决录》注云："丁邯字叔春……选邯为郎，记疾不就，诏问实病否，邯对曰：'实不病，耻以孝廉为令史职耳。'世祖（光武帝）怒曰：'虎贲减头杖之数十。'"顺帝时，政严事峻，苛察逾甚，九卿皆鞭杖，致使不少大臣纷纷上疏，要求革除廷杖。此后东汉虽不复见廷杖之事，但为后世的廷杖开了先声。三国两晋南北朝以降，代有廷杖之事发生，其酷烈至明而登峰造极。

站笼

站笼，明清刑具，又称立枷，明武宗时刘瑾仿南朝的“立测”而设置。《明史·刑法志》载：“自刘瑾创制立枷，锦衣狱常用之”，清朝沿袭。笼上有口卡住囚颈部，昼夜站立，直至死亡，也有的先在脚下垫物，套定卡住脖子后再撤出垫物，致囚犯悬空窒息而死。此刑常用来处死皇帝钦定的案犯，囚犯只能站立不能跪下或坐下。有的狱吏将其高度降低三寸，使囚犯站不直，只能稍微屈腿勉强支撑，有的囚犯家属花钱贿赂狱吏，雇人用背扛托着囚犯屁股，使其半坐休息，不至于死得太快。

明代天启年间魏忠贤主持东厂时，就曾枷死囚犯六七十人。清朝对强盗采用站笼示众，写明姓名和罪行，置于衙门前或闹市，派人看守。有的通宵达旦，行人可将食物送到犯人嘴里。清代有对处决犯人游八门之事，即没有处死前，先用站笼锁住犯人，于东西南北四个城楼内外八门游街示众。这时的站笼只是起到押解的作用，犯人在里面如同困兽一样，头露在外面，任人观看，旁边有牌，写明犯人的姓名、罪名等。

第五编 法治人物典故

周公旦定宗法制礼乐

周公，姓姬名旦，是文王的儿子，武王的弟弟。武王灭殷后不久就死了，由儿子成王继位，因为成王年幼，就由成王的叔叔周公旦代管政权。周公以他非凡的才能充当了宗法社会的“工程师”，建立起宗法社会的“金字塔”，塔尖上坐着的便是周天子。

所谓天子，是上天的长子，是能领会上天的旨意的人。由于迷信思想，人们认为后稷的后代应当继承这个位子，其宗族以文王为起点，凡与文王有血缘关系的，则是他们的宗亲，继承文王那一系。自武王以后，采用了长子继位的制度，长子这一系是最尊贵的由长子继承天子位。周王在政治上是诸侯拥戴的天子，在世俗血脉上是诸侯的宗亲，是当时天下之大宗，处于权力金字塔的顶端。

除武王这支外，其余的宗亲和姻亲都被封为诸侯，诸侯在其封土内为国君，在其封土内是最尊贵的人。周公旦把周天子的叔伯兄弟和甥舅都封为诸侯，总共封了七十多个国君。《诗经》上说“岂伊异人，兄弟甥舅”，就是这个意思。国君的嫡长子为世子，世代继承君位，这是金字塔的第二阶层。诸侯对于天子来说，都是小宗。世子的兄弟以及子侄组成了金字塔更低的阶层。每一小宗的嫡长子在其本宗之内是宗主，但在整个宗法关系中又是小宗。

由此可见，在周天子宗亲中，一切士族拥戴小宗，许多小宗拥戴大宗，大宗又率小宗拥戴国君，国君又率大宗拥戴天子。天子世代相传，统率诸侯，诸侯亦世代相传，统率卿大夫，卿大夫世代相传，统率各小宗，许多小宗又来统率其士族。

周公旦还制礼作乐。在商朝，礼是祭祖的仪式，到了周朝，周公旦把礼作为士大夫的规范，规定了一套礼节仪式，有君臣上下的礼节仪式，有父子、夫妻、朋友间的礼节仪式，有婚丧嫁娶的礼节仪式。他将人和人的关系都纳入礼的规范，甚至连一言一行，一顾一盼都受着礼的约束，上下有别，长幼有序，并利用仪式和音乐联络他们之间的感情。

周公旦创造了中国法制史上礼的规范，他的立法是中国古代法律的一个重要组成部分。古代法律的基本内容是刑与礼，周以后各朝的司法机构，都是用刑惩办犯罪，用礼教化人民。礼教的作用，在我国司法史上往往大于刑罚的作用。

宰人请罪

《韩非子·内储说下》载："文公之时，宰臣上炙而发绕之。文公召宰人而谯之，曰：'女（同"汝"）欲寡人之哽邪？奚为以发绕炙？'宰人顿首再拜，请曰：'臣有死罪三：援励砥刀，利犹干将也，切肉，肉断而发不断，臣之罪一也；援木而贯脔，而不见发，臣之罪二也；奉炽炉，炭火尽赤红，而炙熟而发不烧，臣之罪三也。堂下得无微有疾臣者乎？'公曰：'善'。乃召其堂下而谯之；果然，乃诛之。"

以上是说，春秋时期晋国国君晋文公在位的时候，曾发生发这样一件事。有一次，管理饮食的宰臣（厨师）给文公端上了烤肉，可是烤肉上却缠绕着头发。晋文公把宰臣招来，责问他说："你想把我噎死吗？为什么用头发缠绕着烤肉？"宰臣一再磕头请罪："我的死罪有三条：用磨刀石把刀子磨得像'干将'宝剑一样快，用它切肉，肉断了，而头发却没有断，这是我的第一条罪状；用木条把切好的一块块肉穿起来，却没有发现头发，这是我的第二条罪状；侍弄火势旺盛的炉子，把炭火烧得赤红，肉烤熟了，却没有把头发烧着，这是我的第三条罪状。由此看来，堂下会不会有人暗地里忌恨我呢？"晋文公说："你说得有道理。"立即把堂下侍者招来责问，果然是有人暗中捣鬼，于是就把想陷害宰臣的人杀了。

宰人在困危的时刻，急中生智，故作"谢罪"，用事实上互相矛盾的所谓罪状巧妙地辩明自已无罪。"宰人请罪"就是从这个故事来的，人们用这个典故比喻急中生智，善于辩理。

叔向论罪

晋国的刑侯、雍子两家贵族为了一处田产打了多年官司，一直没有得到解决。公元前528年，晋国原最高法官士景伯被派往楚国担任使节，临时委派叔鱼代理最高司法官职务。晋国的执政韩宣子要求叔鱼抓紧处理积案。叔鱼重新审查这桩争田案件，起初倾向于刑侯，打算判决雍子败诉。雍子察觉到叔鱼的倾向，赶紧把女儿嫁给叔鱼，乘机送了大批嫁妆。叔鱼于是判决刑侯败诉。刑侯怒不可遏，上朝时当场杀死了雍子和叔鱼。执政韩宣子找不到判决此案的依据，只得去请教有名望的大夫叔向。叔向说："这三个人都犯了大罪，活着的要处死，死了的仍然要戮尸，雍子明知道自己理亏而公然行贿，叔鱼接受贿赂而"卖狱"，刑侯肆无忌惮擅自杀人，这三种罪名同样严重：自己犯了罪而以行贿来掩盖是'昏'罪，接受贿赂破坏法律是'墨'罪，擅自杀人是'贼'罪。早在夏朝的法典《夏书》上就说，'昏、墨、贼三种罪都要处死，这是传下来的古老法律，请按此办理'"。于是韩宣子下令将刑侯押到市场上当众处决，并将雍子、叔鱼的尸体拖到市场上一起示众。

子产立法救世

子产（？—公元前522年），又名公孙侨，字子美，郑国贵族，晚于管仲约一百年，与孔子同时。郑简公时子产被立为卿，公元前543年任郑国执政。

公元前544年，作为郑国的主政，子产根据当时郑国的实际情况，采取了一系列变法改制的措施。

首先，他针对郑国公族队伍庞大、根基牢固，许多人又深得简公喜爱的特点，制定了一条重要标准：凡贵族中奉公守法、忠俭勤恳者，表彰奖励，而对于那些胡作非为的不法豪绅，必须严厉打击，削弱其权势，情节严重的还要受到驱逐或砍头的严厉处罚。

其次，经济改革是郑国迫切需要的。子产执政后，决心改革，他不管多少权重势大的贵族反对，坚持推行新法案。新法案的主要内容是废除井田制，按实际情况重新整编田亩，承认土地私有，按实际拥有的土地亩数征税，并号召挖掘沟渠，兴修水利，以保证农业丰收。

自从私田纳税以后，土地的私有权便通过法律的形式确定下来，拥有私田的奴隶便演变成了自耕农，而这个阶段便产生了中小地主。奴隶的劳动不再完全归属于主人，相当一部分由自己支配，这样就产生了积极性。可见新法对绝大多数人、尤其是身份地位低贱的人来说，还是利大于弊。

经过几个回合的较量，子产的变法终于冲破了种种阻碍，取得了初步胜利，部分奴隶经过自己的劳动变成了新兴的地主阶级，下层贵族和民众从新法的推行中享受了实惠，生产积极性迅速提高，国库逐步得以充实，经济实力增强了，军队的实力也有了大的发展。

公元前536年，郑国发生了一件在当时和在后世都很有影响的事件，就是“郑人铸刑书”。子产将新制定的法律条文刻在鼎上，以示国法之庄严、稳定不变。此举遭到了一些守旧人士的反对，因为以前的法令中有许多并不公开，由当权者行事，防止“贱民”们根据法律条文辩驳执法者。但子产不顾这些，坚持使人人都熟悉法律条文，这对新法的深入普及有很大作用，取得了下层民众的广泛支持，抑制和约束了贵族特权阶层的行为，对于稳定郑国的社会秩序、鼓励国人遵纪守法起到了良好作用。

子产在郑国执政二十几年，以自己卓越的政治才干外御强敌，内理国政，使四面战火、后院不宁的郑国终于转危为安，并且进行了一系列政治、经济制度的改革，使郑国逐渐富庶强盛起来。

李悝著《法经》

李悝（公元前455—395年），战国魏国人，是战国初期著名的政治家，也是前期法家的主要代表人物之一。魏文侯欲求富国强兵，任用李悝为相，力主变法改革，在政治、经济、法律等方面实行了一系列改革。

李悝在魏国主持变法时期，认为当时的法律还比较分散，不成体系，因此他仔细参考了当时各国的成文法，编写了《法经》。“法经取意”、“立法之经”，是作为成文法典的基本蓝本。《法经》共六篇，分别是《盗法》、《贼法》、《网法》、《捕法》、《杂法》和《具法》。

盗，是侵犯财产的犯罪；贼，是危害他人人身的犯罪；《网法》又称《囚法》，是关于囚禁和审判罪犯的法律规定；《杂法》是拾遗补缺的篇；《具法》，是关于定罪量刑从轻、从重的法律原则。

《法经》原文早已失传，现存文献最早提到《法经》的是三国时的《魏律·序略》。《法经》是我国封建社会最早的一部粗具体系的法典，初步确立了封建法制的基本原则和体系，对当时各国立法曾产生很大影响，如商鞅携带《法经》入相于秦，在此基础上制定了《秦律》，对以后的封建立法产生很大影响；《汉律》是萧何在《法经》原有六篇的基础上，根据新的情况增加三篇，成为《九章律》。汉代以后历代法典又在秦汉旧律的基础上进一步完善，而且都吸收了《法经》的基本原则。这些都说明《法经》的确是封建成文法典的蓝本。

正因为如此，加上魏国其他富国强兵政策的推行，当时的魏国“辟土四面，拓地千里”，成为战国初期强盛一时的大国。

商鞅变法驳群臣

商鞅出身卫国公族之家，又名卫鞅，公孙鞅。因为没有受到卫惠王的赏识，商鞅逃到了秦国，由秦孝公的亲信景监推荐给秦孝公。

商鞅第一次谒见孝公时，大谈尧、舜之道，洋洋洒洒，而孝公却睡着了。过了五天，孝公第二次召见，商鞅又大谈尧、舜、周文王、武王之道，滔滔不绝，孝公又昏昏欲睡。第三次召见，商鞅谈的是称霸天下的策略，孝公才产生了兴趣，但并没有说录用他。商鞅退出，孝公不再像前次那样把景监痛骂一顿，而是说："你推荐的人还真行，可以和他谈谈。"商鞅对景监说："我这次讲的是称霸天下的谋略，大王很有兴趣，我已经知道君王的意图了，请再安排一次会见。"第四次谒见，两人谈得很投机，一连讨论了好几天，还不觉得疲倦，景监很奇怪。

商鞅像

秦孝公想起用商鞅变法，便专门召开了一次会议，讨论变法大计。商鞅率先亮出了自己的观点，提出了"治世不一道，便国不法古"的主张。他说："法是为爱护人民而制定的，是为了办事而形成的。所以高明的人只要能使国家富强，就不死守旧法；只要能对人民有利，就不一定遵循旧礼。"

商鞅的主张得到了秦孝公的赞成，却遭到了甘龙和杜挚等人的反对。甘龙说："不对。我听说，高明的人不改变民众的习俗来进行教化，有智之士不变更旧法而治理国家。这样，不费力就会成功，官民相安无事。现在如果不按秦国的旧制办事，改变礼制来教化人民，恐怕天下都会非议君上，愿王明察！"

商鞅立即驳斥甘龙说："甘龙所说，不过是世俗之言。一般人总是安于旧习惯，迂腐的学者也往往沉溺在所学的学问之中。所以，这两种人做官都固守旧法，不能和他们讨论旧法之外的事。夏、商、周三代礼制不同，但都称王于天下；齐桓公、晋文公等五个霸主各自的法令也都不同，却都称霸于诸侯。所以高明的人制定法规，而愚蠢的人只能受制于法；贤能的人变更礼制，而无能之辈只能被礼制约束。拘泥于旧礼的人，不足以与之谈论国事；受制于旧法的人，不足与之讨论变革。王不必再疑虑了。"

这时，杜挚站起来给甘龙帮腔说："我听说，没有万倍的利益，就能不变法；没有十倍的功效，就不能更新器具。还听说有这样的话，'效法古代没有错，遵循礼制不会出偏差。'请王很好地考虑！"商鞅立即予以反驳："前代教化人民的方法都不同，哪有什么古法可效仿？历代帝王的礼制都不相重复，又有什么礼可遵循？远古的伏羲、神农时代只有教育而没有惩罚，后来的黄帝、尧、舜就实行惩罚了，但不滥施惩罚，及至周朝的文王、武王，都是根据当时的形势而立法，根据事情的具体情况来制礼。显然，礼和法是因时势的需要而制定的，制度和法令要与形势相宜，各种兵器、铠甲、器械装备都要便于使用。所以我说：治理国家不是只有一种方法，只要有利于国家就不必效法古代。商汤王、周武王都不遵循古法，一样兴盛起来了，夏桀王、殷纣王虽然没有变更旧礼制，却还是灭亡了。由此可见，不效法古代的人未必有可非议之处，遵守旧礼的人并不足以多加肯定。国君不要再疑虑了！”

商鞅的雄辩，使甘龙、杜挚的守旧论调显得苍白无力，秦孝公的疑虑打消了，他说：“好，即使天下的人都来议论我，我也不再犹豫了！”至此，一场惊心动魄的“商鞅变法”拉开了帷幕。

魏绛行法

晋侯的弟弟杨干，在曲梁搅乱军队行阵，为了对他这种违犯军法的行为进行惩治，魏绛杀戮了替杨干驾车的仆人。晋侯知道后很生气，对羊舌赤说：“会合各路诸侯为的是使晋国增加光彩，但我的弟弟杨干却受到了惩罚，还有什么比这更大的耻辱！要把魏绛这家伙杀掉，一定要这样办。”羊舌赤回答说：“魏绛对国家忠心耿耿，没有二心，他不逃避困难，如果有了罪，也决不会逃避刑罚，他一定会自己前来向您报告，不必派人去抓他。”

话刚刚说完，魏绛就到了。他把所写的书状交给晋侯的御仆，并要以剑自裁。大夫士鲂和大夫张孟赶紧上前把他制止了。晋候看魏绛呈上的书状，上面写道：“当初君上因为找不到适当的人，派我担任了这个司马的官职。我听说领兵御众要服从君上的命令才能有战斗力；行军作战，就是牺牲生命也不违犯军纪才是值得称赞的。君上会合诸侯，这样的大事我怎么敢不认真对待呢。但是国家军队任凭杨干这种人捣乱而失去战斗力，负责领兵打仗的人就是对君命不敬重，没有比这再大的罪过了。我害怕犯死罪，结果连累了杨干，自己的罪过是无法逃避的。由于事前没有对军队很好地进行训练，致使动用刑戮，我的罪是很严重的，不敢不听从处罚，否则惹君上发怒。所以，请求君上把我交付司寇判处死刑。”晋侯读完之后，来不及穿鞋就从座位上走了下来，对魏绛说：“我的话，是从个人亲爱关系上说的。你对杨干的惩治，是依军队法纪办事。我对自己的弟弟没有很好地进行教育，结果他犯了军法，这是我的过错。你要惩罚自己，就是加重我的过错了，你千万不能这样。”

通过这件事，晋侯知道魏绛能以刑法辅佐自己治理天下，带兵会合诸侯回国后，用大夫的礼遇亲自赐食给他，派他去领导新军。

李离枉杀请死

春秋时候，晋国有一个名叫李离的典狱官，他执法严明，一丝不苟。然而有一次由于偏听偏信，在审理一起案件上发生错误，错判枉杀了一个好人。

李离察觉之后，认为自己应当负法律责任，于是就主动以囚徒的身份向晋文公投案，请求晋文公给他定个死罪。晋文公说：“官有贵贱，罪有轻重，卿家是高官重臣，怎么能随便给你定罪用刑呢？再说，造成错误的责任在你的下级，你是没有罪的。”

李离却坚持说：“臣身为狱吏之长，从来没有把官位让给下级的想法，我受国家俸禄既丰且厚，从来也没有分给下级一点好处。如今，我错断案子，枉杀了好人，却要把责任推给下级，真没听说过有这样的道理。”文公看他执意揽过请死，就又说：“你的下级办错了案件，你自以为有罪，那么寡人是一国之君，我也有罪呀！”

李离说：“臣是典狱官，典狱官有典狱官的法律责任。这法律责任就是错施刑者，就该受刑；错杀人者，就该死罪。殿下是因为臣能察微识疑，才任命我作典狱官的。现在这个典狱官错杀了人，就该治他的死罪。”说罢李离拔出剑来，伏剑自杀了。李离的举动震动了朝野。

腹䵍舍子履刑法

典出《吕氏春秋·去私》："墨者有巨子腹䵍，居秦，其子杀人。秦惠王曰：'先生之年长矣，非有他子也，寡人已令吏弗诛矣。先生之以此听寡人也。'对曰：'杀人者死，伤人则刑，此所以禁杀伤人也。夫禁杀伤人者，天下之大义也。王虽为之赐而令吏弗诛，腹䵍不可不行墨者之法。'不许惠王，而遂使杀之。子，人之所私也，忍其所私，以行大义，巨子可谓公矣。"

战国时有一个叫腹䵍的人，是当时墨家学派有名的学者。他居住在秦国的时候，儿子杀人犯了刑法。秦惠王爱惜腹䵍的为人和学识，就对他说："腹䵍先生，你年纪这么大了，膝下又只有一个儿子，所以寡人已经指令掌管刑辟的官员免去了你的儿子的死罪，请先生在这件事情上听从寡人的话吧！"

腹䵍回答说："大王！我们墨家有这样一个信条：杀人的人要处死，伤人的人要受刑。这样做目的是为了禁止杀人和伤人，禁止杀人和伤人是天下的大义，大王虽然特别照顾我的儿子，下令免去他的死罪，但我不能违背我们墨家的信仰啊！"腹䵍坚决谢绝了秦惠王的好意，坚持让秦国依法把儿子处死。秦惠王见腹䵍的意志十分坚决，于是便下令处死了杀人凶手。

儿子，是天下父母所偏爱的。为了坚持正义，却忍心诛杀自已心爱的儿子，腹䵍可以说得上是出以公心了。后人用"腹䵍行义杀子"这个典故来说明去私才可执法，徇私势必枉法的道理。

李斯受刑

李斯在任秦相时，称颂秦始皇实现了自古以来未曾有过的统一局面，应当上尊号，以"命"为"制"，以"令"为"诏"。从此法自君出，皇帝的命令正

李斯像

式成为法律的渊源。李斯还将商鞅、韩非的君主专制理论推向极端。他在《行督责书》中进一步阐发了商鞅、韩非的重刑理论，并具体化为任刑督责，深督轻罪。主张对百姓压迫得越重越好，只要使百姓时时刻刻都处于对苛刑的恐怖之中，就没有人敢欺君犯上了。其法律思想与法律实践对秦产生了巨大的影响，使秦的刑罚一再加重，以致出现“劓鼻盈累，断足盈车”、“赭衣塞路，图圄成市”的局面。

秦二世登基后，晋升为篡位立下汗马功劳的宦官赵高为郎中令。然而赵高并不满足于做一个终日侍奉皇帝的宦官，他野心勃勃，也想坐在皇帝的宝座上发号施令。他意识到要想达到这一目的，一个重要的掣肘人物就是李斯，同时因李斯的资历、声望不便与之直接较量，便施用狡猾的伎俩进行陷害。终于，秦二世诏令逮捕李斯，并交由赵高负责审讯和处置。

专司捕盗的亭长和数十狱卒将李斯逮捕入狱，并给李斯戴上铁钳。司礼监捧驾帖出来喝道：“带上犯人来！”则千百人大喊跪下，将李斯缚定，左右厉声喝：“搁棒棍！”于是一人持棍出，搁棍于李斯股上，喝令“打”则行杖。杖之三，则喝令“着实打”五杖换一人，喝如前。每喝，环列者群和之，喊声动地。杖时，以布承李斯，四人抬着，杖毕，举布掷于地下。赵高诬陷李斯父子与陈胜合谋，本属无中生有，但李斯一日不除，他便一日不得安宁，所以只得严刑拷打逼迫李斯承认强加之罪。自李斯入狱初尝其“荆棒”后，连日不停地严刑逼供，李斯不胜其酷，被打得皮开肉绽。李斯明知谋反罪按秦法当处族刑，但他想暂时避过赵高的严刑拷打，待秦二世派人调查案情时再如实以对。因此，他假意承认自己企图与儿子一起谋反。赵高随即将李斯的族人都逮捕入狱。赵高想到李斯会翻供，就派自己的亲信十余人装扮成御史和侍中，轮番提审，开始李斯不知这些人是假使者，便以实情诉之，说自己是屈打成招。结果不仅未能翻案，反而招来加倍的毒打。经过十几次这样的提审，使李斯不再相信使者了，再也不敢喊冤叫屈了。后来，秦二世果真派人前去狱中复审，李斯以为这仍是赵高的亲信，便老实承认自己所有的“罪状”。

公元前208年，秦二世下令将李斯处“具五刑”、“夷三族”。赵高怕李斯在行刑时詈骂，先施“抽舌”刑，即先将其舌头割掉，使其言语不得，刑吏数人用铜针、铁凿等在李斯额头和两颊刻凿创口，再用墨涂在创口上搓进肉里永不褪色。又用刑刀将李斯鼻子割掉，昔日名相风采此刻已是面目全非、人鬼难分了。刑吏再将李斯缚住，用斧钺在膝盖骨下砍掉双腿，刑吏们又用笞杖即荆条将李斯刑至昏死，用铁质腰斩（铁是铡刀，锧为铡刀座）。最后刑吏们用鬼头刀将早已气绝的李斯枭首示众。李斯的父族、母族和妻族无论男女老少皆遭诛斩。

李斯生前极力主张严刑，他的《行督责书》使民众时刻处于苛刑的恐怖之中，而他自己也在“具五刑”中饱尝大枷、绳索、笞杖、刀锥、斧钺、铁锧、鬼头刀等各种刑具之苦，终致被“夷三族”，成为历史上受刑具最酷烈、刑具加身最多的人。

汉文帝讳母杀舅

汉文帝刘恒为汉高帝的妃子薄姬所生，文帝继皇帝位后，薄姬被尊为皇太后。薄太后只有一个弟弟，名叫薄昭，是汉文帝的舅舅。薄昭原是一个将军，文帝元年被封为轵侯。他依仗着薄太后和文帝的关系，一向专横霸道，目无王法。

文帝十年，有一次朝廷派遣一个使者去见薄昭。这个使者因一时疏忽，在薄昭面前失礼。薄昭大怒之下便把使者杀了。

文帝得知使者被杀，反复斟酌，像薄昭这样的皇亲国戚，权高势大，枉法乱政，势必危及皇室的统治，于是下决心要依法治薄昭死罪。

随后，文帝召见大臣们，讲了自己的想法。大臣们一听皇帝要杀国舅大人，不免大吃一惊，便纷纷劝说。他们的中有的对文帝说：“陛下，薄昭是太后的亲兄弟，太后还在世上，若杀了国舅大人，可是最大的不孝啊！”还有的说：“皇上杀了轵侯，皇太后一定非常难过，甚至会因为过分伤心而减少寿数，陛下如何推卸不孝的罪名呢?”

文帝听了这些话,却大不以为然,便道:“众位卿家所说的,是只知其一,不知其二。杀舅伤母是为不孝,但是容忍这些藐视王法的权贵恣意妄为,刘家的社稷就有倾覆的危险。杀了越权枉法的薄昭,保住了刘家的天下,太后才可以太后,这才是最大的孝啊!”文帝终于不顾臣下们的议论和劝告,也不管薄太后如何伤心,下诏赐薄昭死。

文帝的诏令传下去后不久,便有人回来复奏说,薄昭不肯死。文帝心想薄昭竟敢违抗自已的命令,便出了一个主意,下令大臣们穿上丧服,统统到薄昭的邸宅去哭丧。薄昭一看大势已去,无奈地自杀了。

汉文帝废肉刑

公元前167年,汉朝在齐国的一个看守太仓的官员淳于意犯了罪,被逮捕送到长安进行审判。淳于意没有儿子,只有五个女儿,当被逮捕上路的时候,他说道:“只怪我只生女儿不生儿子,遇到急难的事没有人帮忙。”他十五岁的小女儿淳于缇萦听后很是悲哀,决心要帮助父亲。于是她跟在父亲的囚车后面来到了长安,给汉文帝写了一封申诉书。这份申诉书说:“小女子的父亲是个小官,在齐国为官时,人们都称赞他办事廉洁公正,现在偶然触犯了法律要受判处。我所忧伤的是被处死的人不能再生,受过肉刑的人身体不能再恢复原状,就是以后想要改过自新也失去了途径。小女子情愿没入官府为奴婢,来赎换父亲要受的肉刑,使父亲可以得到重新做人的机会。”

汉文帝看了她的申诉很受感动,为此下诏曰:“我听说在古代圣王虞舜的时代,在罪犯衣帽上画某种图像,或给罪犯穿上与常人不同式样和颜色的衣服,就表示处以某种刑罚,而百姓很少犯罪,这是何等崇高的清明境界啊。现在法律有黥、劓、斩左右趾三种肉刑,然而犯罪却并不因此而减少,这是为什么呢?难道不是因为我的恩德浅薄,教化不明吗?正是教化不明而使无知的百姓陷于法网,我自己觉得非常惭愧。《诗经》中说‘和乐而平易近人的国君,百姓把他当父母。’如今百姓有过错，还没有对他进行教化就滥施刑罚，即使罪犯以后想设法为善，却没有重新做人的机会了，我非常怜悯他们。刑罚重到截断人的肢体，深刻人的肌肤，这是多么惨痛而不道德啊！这难道是为民父母的意思吗？应该废除肉刑，用别的律条来代替它，应以罪行轻重判刑，在服刑期内不逃亡的，期满后释放为平民。要把这些意思具体拟订为法令。”

接到汉文帝的指令后，丞相张仓、御史大夫冯敬拟订了法令条文，上奏说：“肉刑是用来禁止奸人的，已经由来很久了。陛下下达圣明的诏书，怜悯百姓万一犯了罪一受刑罚就终身受苦，打算改行为善也没有办法，这是陛下的盛德，为臣等所不及。臣等谨慎讨论后请定律：‘改黥面刑为髡钳城旦舂（剃光男性罪人的头发胡须，脖子上戴一个铁钳，修建长城；女犯为国家舂米）五年；改劓刑为笞三百；改斩左趾刑为笞五百。其他如犯斩右趾、杀人而自首、官吏贪赃枉法等罪名，在裁决确定后又犯笞刑以上之罪者，皆弃市处死。判处完（保全罪人的头发胡须）城旦舂的，三年后转鬼薪白粲（男犯从事伐木，女犯从事粮食加工）一年，再转隶臣妾（官府杂役）一年，即可释放为民（总共五年），判处鬼薪白粲的，三年后转隶臣妾一年，即可释放为民（总共四年）；判处隶臣妾，二年后转司寇（在边境巡查警戒）一年，然后可以释放为民（总共三年）；判处司寇的，二年后可以直接释放为民；判处髡钳城旦舂的，在一年后转为完城旦舂，以后按照完城旦舂处理（总共六年）。’臣等昧死请求皇帝批准。”汉文帝即下诏批准。

这就是中国历史上著名的“汉文帝废肉刑”的刑罚改革。所谓“肉刑”，就是对罪人的身体造成永久性的、不可修复的伤害，现在一般叫“残害刑”这或许是出自远古“以牙还牙，以眼还眼”的同态复仇习俗，而汉文帝的法制改革，改变了以后中国刑罚的体制，对后世影响很大。

周亚夫治兵军纪如山

西汉文帝后元六年，匈奴贵族举兵侵扰北部边境，威胁着京城的安全。汉文帝派出一批将领，率军分驻各地，抵挡匈奴进犯。名将周亚夫的军队奉命驻扎在细柳营（今陕西省咸阳附近）。

临战前，汉文帝带着随从士卒，亲临各军营视察慰问，每到一个军营，都长驱直入，各级将领照例迎送。唯独到了细柳营，却是另一番情景。

在周亚夫的统帅下，细柳营处于紧张的备战状态，战士们个个身披铠甲，手持兵器，严阵以待。营门不准外人随便出入。

汉文帝的先驱导驾部队来到细柳营，刚想进去送信，就被守卫军营的兵士横戈挡住，禁止他们进入。先驱官大声说："我们是送信的，皇帝马上就要到了！"军门都尉严肃地说："周将军有令，在军中只服从军令，不听天子的诏令。"

不一会，汉文帝到了，也被阻在外面没能进去。文帝派使者持着自己的符节告诉周亚夫说："我要到你们军营慰劳将士们。"周亚夫这才传令开营门放行。进门后，守营都尉又告诫皇帝的随从车骑人员说："周将军有规定，军营里不准车马随便奔走。"文帝只得下车，拽着缰绳慢慢地走向前去。

到了将军营内，周亚夫没有按照往常朝见天子那样行跪拜礼，而只是拿着兵器向文帝作了一个揖，说道："军士在军中不拜天子，只以军礼迎见。"汉文帝为之感动，也俯身答了礼。

慰劳结束临走时，汉文帝特意派人转告周亚夫说："皇帝恭敬地慰劳你们。"

出了细柳营军门后，随从的臣子都为周亚夫对皇帝没有执行礼节而惊讶。汉文帝却感慨地说："没想到周将军执行军法竟如此之严！对比之下，前面那几个军营简直如同儿戏一样，敌人轻易地就能偷袭到他们。只有周将军才真正像个将军的样子！有这样的将军，何愁不能打败敌人！"后人称周亚夫治兵"军纪如山"。

汉武帝不以亲党诬法

隆虑公主的儿子昭平君娶汉文帝的女儿夷安公主为妻。隆虑公主病危时，曾拿出成千上万的钱，替昭平君预先赎免死罪。皇帝也曾同意。隆虑公主死后，昭平君日益骄横，一次喝醉酒，杀死了公主的傅姆，被关押在内宫的宫狱里。昭平君是公主的儿子，廷尉审定这个案件，根据当时法律“上请”的规定，提请皇帝最后决定。皇帝左右的人都为昭平君说情：“隆虑公主以前曾为昭平君预赎死罪，陛下也曾同意。”武帝说道：“我姐姐很晚才生这一个孩子，临死前嘱托我照顾他。”说到这里，武帝感到很悲伤，流着眼泪连声叹息，很久，又接着说道：“可是，法令是先帝创立的，要是由于姐姐的缘故，破坏先帝的法令，我还有什么脸面进入高祖的宗庙呢？而且这样做，也辜负了千千万万老百姓对法律的信任。”于是就准许了廷尉判处的刑罚。

武帝对此案虽然这样处理了，但仍不能抑制住内心的哀痛，左右的人都很悲伤。东方朔端着酒杯走到武帝面前说：“臣听说，英明的君主治理国家，不因为是自己的仇人就不奖赏，也不因为是自己的亲戚，就不处罚。《尚书》说：‘不偏不党，王道荡荡’。这两点，古代帝王五帝、三皇都很重视，但都难做到。陛下做到这两点，是为了四海之内的黎民百姓能够安居乐业。这是天下庶民的幸福！我冒昧举杯，祝陛下万寿无疆！”

汲黯卧而治之

汲黯是汉武帝时的大臣，他为人性情傲慢，不能容忍别人的过错，敢于直谏。他十分喜好道家清静无为的治国理念，治官理民好清静，责大指，不苛小(办理大事一丝不苟，并不去计较一些小节)，政绩突出。

汲黯经常生病，而汉武帝又很倚重他，让他当淮阳令，因为当地人多盗铸钱。汲黯托病不去。武帝对他说：“顾淮阳吏民不相得，吾徒得君之重，卧而治之。”后来汲黯把淮阳治理得非常好。“卧而治之”一语由此而来，后人称政事清简、不扰民，而又使民安贴的官吏的治绩为“卧治”。

司马迁悟狱

西汉史学家、文学家和思想家司马迁因“李陵之祸”改变了命运，为其增添了极其悲壮的色彩。

李陵是汉朝名将李广的孙子，战功赫赫。公元前98年，李陵奉命率领五千人马长驱直入，深入腹地屡败匈奴数万之师，汉武帝很是得意。不久，匈奴主力出击，李陵率兵马奋力抵抗，终因重兵围困，援军不至，士卒死伤过半，弹尽粮绝而被俘投降。汉武帝不曾想李陵投降了匈奴，闻知大怒，下令杀了李陵的老母和妻子。

司马迁与李陵交往不多，私交不厚，但心中敬佩李陵的重视士卒生命和不计名利。这时，一些大臣迎合武帝，诬陷攻击李陵，而司马迁却仗义执言，陈述已见，盛赞李陵屡败匈奴的功绩，这次投降并非自愿，而是有客观原因的，请求武帝宽恕他。汉武帝对司马迁为李陵的辩白大怒，当即将司马迁逮捕下狱。

司马迁被定为诬上罪，送到狱中。换上赭色的囚服，戴上脚镣手铐，由于狱官同情司马迁为李陵辩白而身陷囹圄，才免去一顿棍棒。司马迁在狱中辗转呈奏汉武帝，继续为李陵辩白。岂料这时传来李陵在匈奴被委以重任的消息。汉武帝本来怒气尚未平息，闻知这个消息，犹如火上加油，愈加愤怒，于是把怒火全部发泄到司马迁身上，遂将司马迁定为死罪。

按汉律规定，犯死罪者有两种情况可以免除一死，一是交钱赎罪，二是接受腐刑。司马迁的父母不幸过早地去世，又没有兄弟姐妹，家中只有妻子一人，家境清贫。亲朋故友怕受牵连，避之犹恐不及，谁还能出钱为他赎罪呢？司马迁想到呕心沥血尚未完成的文章草稿，无奈之下只好接受奇耻大辱的腐刑。

为了完成《史记》这部著作，司马迁隐忍苟活，没有自杀，并常用卓越人物来激励自己。文王被拘禁在羑里而推演《周易》；仲尼被围陈蔡后作《春秋》；屈原被放逐写下《离骚》；左丘明双目失明，作了一部《国语》；孙膑被截去膝盖骨，编著了一部兵法……

公元前92年左右，司马迁的《史记》才基本完成，《史记》共五十二万多字，记述了上自黄帝、下至汉武帝之间大约三千年的历史，是我国最早的一部纪传体的通史。这部伟大的巨著被鲁迅先生赞为“史家之绝唱，无韵之离骚”。

李膺执宪不从君命

李膺，东汉恒帝时官拜司隶校尉。当时，一名叫张让的宦官很受皇帝的宠幸。他的弟弟张朔任野王县令，既贪婪又残忍，甚至不顾国法所禁杀死孕妇。张朔听说新上任的司隶校尉李膺执法严厉，自知罪恶严重，弃官逃回京城，躲藏在其兄张让府第的一个大柱子中。李膺查明了张朔的罪状和藏匿地点后，便亲自率将吏直抵张让第舍，破开柱子逮捕张朔交付洛阳监狱。审理完毕后，立即把他杀了。

张让对此非常怨恨，到恒帝面前告李膺杀其弟是冤枉。桓帝诏李膺入殿，责问李膺为什么不先奏请批准便诛杀张朔。李膺回答说：“古代曾有这样的先例：春秋时晋文公虽未事先奏请周天子，却将卫成公抓起来，押解到京城，《春秋》认为此事做得对。《礼记》也这样说：与国君同宗的贵族有罪，国君虽然再三宽赦，执法的官吏还可以不听从。昔日孔夫子当鲁国司寇，上任七天便把少正卯杀了。我上任已经十多天了，自己心里很害怕因积压公务而犯错误，不料迅速处理了案子却反而得罪了。诚然，我知道自已的罪责是严重的，就是把我杀了我也不推脱。但我请求再留任五天，把那些为首的恶人杀绝，然后就是用鼎镬把我烹了，我最初的愿望也算实现了。”桓帝听了这番陈述，没再责备李膺，回头对张让说：“是你弟弟罪有应得，司隶有什么过错呢！”于是让李膺出去了。从此之后，那些平时不守法度、侵害百姓的宦官都兢兢业业小心谨慎起来，即使轮换休息的日子，也不敢随便走出禁宫。恒帝很奇怪，问他们是什么缘故，他们叩头回答说：“害怕李校尉”。

然明改俗

张奂，东汉人，字然明，敦煌渊泉人。任武威太守时，平均徭赋，率厉散败，政绩突出。在河西当地有一种风俗，凡二月、五月产子及与父母同月出生的孩子，都要杀死。张奂认为这是迷信野蛮的民俗，严加赏罚，改变了当地百姓妖忌杀子之风，受到了百姓的爱戴。后世用“然明改俗”称颂能够禁止陋俗的官员。

“硬脖子县令”董宣

董宣字少平，东汉时陈留圉县人。最初受到司徒侯霸的推荐，后来屡经升迁，当了北海相。不久，朝廷特地征召他到京城为洛阳令。

有一次，湖阳公主的奴仆杀了人。湖阳公主是皇帝的姐姐，位尊府大，奴仆藏匿主家，官吏无法搜捕。董宣气愤至极，等到公主出门这个奴仆作陪乘的时候，便在夏门亭拦截住公主的车马，拿刀在地上画着，大声数说公主的过错，硬逼这个仆人下了车，当场把他处死。

湖阳公主气急败坏，立即回宫去向皇帝刘秀告状。刘秀大怒，叫人把董宣找来，要用杖刑把他打死。董宣叩头说：“请让为臣说一句话再死。”刘秀问：“你要说什么?”董宣回答说：“由于您的威望和德政，刘家的天下得以中兴。如今您却纵容奴仆杀害良人，将何以治理天下呢？臣不需您用杖打死，请让我自己死吧！”说完以头撞柱，满面鲜血直流。刘秀感到董宣的话有道理，又为他不怕死的精神所感动，赶忙叫宦官抱住董宣，免他死罪，但要他向公主叩头赔礼。董宣仍不肯认错。刘秀又叫宦官，硬往下按他的头，董宣两手撑在地上，坚持不肯低头。湖阳公主生气地对刘秀说：“你在做老百姓的时候，还能把逃犯和死罪囚藏匿起来，官吏不敢登门搜捕。现在当了皇帝，还不能对付一个小小的洛阳令吗?”刘秀笑着说：“当天子与当老百姓可不一样啊!”他很赞赏董宣执法不阿的精神，称赞他是一个“硬脖子县令”，并赏钱三十万。董宣则把这些钱分给他手下的吏员了。由于董宣依法办事，敢于斗争，豪强们莫不震惊害怕。京城里的人称董宣为“卧虎”，并送他一首歌曰：“京城出个董少平，捕贼鼓场不再鸣。”

苏章公私两分明

东汉顺帝在位时，苏章升迁为冀州刺史。冀州辖下有个清河郡，清河郡太守是个混账的赃官。他花天酒地，贪赃枉法，欺压百姓，鱼肉乡里。当地百姓惧之如虎狼，恨之入骨髓。这个郡太守正是苏章的老朋友。

一次，苏章要到清河郡考核政绩，察访民情。清河郡的老百姓听说苏刺史要来，先是一喜，盼望他来为民除害。后来又听说清河郡太守是苏章的故友，说不定会官官相护，顿时心里凉了半截。

苏章来到清河郡明察暗访，了解到郡太守的全部劣迹，就在心里打下了主意。

一天傍晚，苏章派人去请清河郡太守。太守不知底细，提心吊胆来到苏章官邸，只见厅堂上明烛高照，中间早已摆好佳肴，这才放下心来松了一口气。苏刺史把太守请进里边，让他坐了首席。酒席上，两人频频举杯，开怀畅饮，叙谈旧日同窗的情谊，可以说是亲密无间。太守乐不可支，对苏章说道：“人头上皆有一个天，我头上独有两个天。此次刺史大人来到敝郡察访，卑职是大树底下好乘凉，遇事还望苏大人多加照应，多加照应……”苏章道：“今天晚上我请老朋友喝酒，这是我们私人的情谊。”百姓们探听到苏章宴请郡太守的消息，灰心丧气地痛骂他们。

次日一早，苏章升堂理案，传太守立在堂下听审。苏章说：“昨天是咱们的私人情谊，今天我升堂办案，就得公事公办了。”于是，他列举了太守的桩桩罪恶。太守起先以为苏章又是请他赴宴，又是畅叙旧谊，定能替他把丑行遮掩一二。可是这时见苏章不讲一点情面，知道抵赖不过，只好跪在地下叩头求饶。苏章道：“你在清河郡为非作歹，罪行累累，定不能饶！”于是，苏章依法严惩了这个赃官。百姓们见此情景，个个喜出望外，叹服不已。

郭躬论故误

郭躬被征召到朝廷三公府去做官。有兄弟二人共同杀人，可是找不出谁是主犯。汉明帝认为做哥哥的不能教育弟弟，应负主要责任，因此判处哥哥死刑而减轻弟弟的罪责，免予处死。中常侍孙章宣读皇帝命令，却错误地把两人都杀了，按理孙章应被腰斩。明帝又把郭躬召入询问。郭躬说：“孙章应当罚金。”明帝说：“孙章矫诏杀错了人，怎么说是应当罚金？”郭躬说：“法令规定有故意和过失之分。孙章把命令传达错了，根据情况来看是过失。过失，法律条文规定处分就轻。”明帝说：“孙章和那两个囚犯是同属一个县的人，我怀疑他是故意这么传达的。”郭躬说：“大路像磨刀石一样平，又像射出去的箭一样直。君子不事先预料别人是诈伪，必定以事实为根据。帝王效法上天，要平直无私，量刑不能随意歪曲、牵强附会。”明帝便从轻发落了孙章。

黄浮除暴

东汉宦官徐璜的侄子徐宣在下邳作县令时，残暴凶虐特别厉害。他曾经看中前汝南太守李皓的女儿，想把她弄到手，没有成功。于是带领手下官吏士卒闯进李皓家中，硬把他的女儿抢出来用车装回家去，后来又用箭把她射死。

当时在东海郡做行政长官的汝南人黄浮听说这件事后，就派人把徐宣的家属都抓起来，不分老少一律进行拷打。黄浮手下的僚属都胆小怕事，极力劝他不要这样做。黄浮说："徐宣是个祸国殃民的奸贼，今天把他杀了，明天我就是因这抵命也心甘情愿，死了也闭得上眼睛！"于是就根据徐宣的罪行把他判处死刑，并在大街上执行，陈尸示众。

宦官们因此恨之入骨，一起向汉桓帝叫冤，桓帝大发脾气，命令将黄浮判以髡钳的刑罚，解送到右校部门去做苦工。

寒朗论狱

东汉明帝永平年间，三公（太尉、司徒、司空）府的官员共同审理楚王英谋反的案件。在审理中，拷问被告颜忠、王平时，他俩又供出了耿建、藏信、邓鲤、刘建四人的名字，于是耿建等四人也被抓来。可是审问耿建四人时，他们都说根本没见过颜忠、王平这两个人。案情复杂化了。汉明帝恼羞成怒，要官员们追查出所有相关人员。官员们惶恐不安，于是甲连乙，乙连丙，凡是有点瓜葛的人，全被抓了起来，其中牵涉了一大批无辜的人。

参与审理这个案子的侍御史寒朗看到这么多无辜者被抓来，很是同情，就分别提审颜忠和王平二人，让他们说说耿建等人的情况，结果两人所说大相径庭。寒朗知道其中有假，就上书明帝，说道："耿建等人是无辜的，只因被颜忠、王平诬告而抓来。在全国像他们这样无辜蒙冤的人恐怕还有不少。"

汉明帝收到报告后，就召寒朗入宫，问他："既然耿建等人无罪，为什么颜忠、王平要牵扯他们呢？"寒朗答道："大概颜忠、王平知道自己罪行严重，想多牵涉几个人，以减轻自己的罪责。""你知道耿建他们有冤，为什么不早点提出来，让他们关了这么长时间才说呢？"明帝有点不高兴了。寒朗说："当时，我想等等看是否再有别的情况被揭发出来，所以拖到现在才报告。"明帝听到这里，怒不可遏地骂道："好啊，原来你在耍两面手腕！"喝令左右把寒朗拉出去斩首。寒朗说："请允许我说一句话再死。""什么话？""我实在不敢欺骗您，我只想对国家有所帮助啊！""那你说还有谁跟你一伙的？"明帝又问。寒朗恳切地说："我自知今天不能免死，一族亲戚也将因我而全被处死，怎么还敢再诬陷别人呢？我只是衷心希望陛下能够三思而行。前一段参加审案时，我曾看到那些负责审案的官吏，因为此案案情重大，怕被扣上‘放纵罪犯’的罪名，所以在审判中，宁可多抓多判也不肯释放无辜，以为这样自己就可以不受连累了。因此，抓一人，连十人；审十人，连一百人。以致越抓越多，使得大批无辜者被捕入狱，蒙受不白之冤。这样会有什么结果，请陛下想想吧！我的话说完了，虽死无憾！”

听了寒朗这些话，汉明帝若有所思，就下令放了他。过了一天，明帝亲自来到洛阳监狱监督审查，竟清理出无辜者一千多人！

魏武帝悬杖

曹操出身官宦之家。东汉末年曾任洛阳北部都尉、顿丘令、议郎等职。汉献帝时镇压黄巾军起义，壮大了自己的武装力量，继而统一了北方，被封为大将军、丞相。

曹操深受先秦法家思想的影响，注重“法治”，在统治方法上强调“皆一之于法”，把刑法摆在治国、治军的首要地位。早在二十岁任洛阳北部都尉时，就对对棍棒刑具的使用有着自己的理解。

当时，洛阳城内社会治安混乱，盗贼四起，流氓地痞混同一气，百姓生活不得安宁。曹操上任后，找工匠制作了十几根大棒，并涂上了五种颜色，悬于城门两侧，然后张贴城禁令，违令者，用棒责之，明确规定违反哪一条令，就用哪一条棒子责打。五色棒悬于城门旁，震慑了洛阳城内的地痞流氓，维护了社会稳定。后有一皇亲违犯了法令，曹操也毫不留情地将他按令处以痛打。此事在百姓与朝廷内引起很大反响，有人赞他不畏豪强，称他为鹰，即正义的化身。“悬棒”换来了曹操政治上的升迁。

高柔持平如秤

公元227年，魏明帝继位。魏明帝喜欢打猎，还派了不少亲信去管理各处的猎场。汉中的宜阳山区也有一块很大的皇家猎场，管理这片猎场的是功曹张京。

一次，宜阳一个负责屯田的小官刘龟为追捕一只已被射伤的野兔，不小心闯进了魏明帝的猎场。张京当时并没有发现刘龟犯禁，事后知道了这个情况，他就赶紧报告了明帝。按照当时的法律，刘龟犯禁和张京失职都应当受到处罚。但是，魏明帝偏袒自己的亲信，只下令将刘龟抓起来交给庭尉高柔去处理。高柔在审问刘龟时，了解到他并非偷猎犯禁，并且一发现自己误入禁区，就马上退了出来。高柔还了解到刘龟犯禁时猎场的管理人员并不在场。于是，高柔就上书给明帝，询问告发者的姓名，还提出猎场管理人员没有拦阻刘龟，也犯有渎职罪。魏明帝看了高柔的上书后，满肚子不痛快，专门派人把高柔叫去，教训他说："我作为天子，把犯禁的人交给你去处理，你就应该立即对犯人从严处罚，怎么反倒向我追问起告发者来了？难道你还怀疑我平白无故地把刘龟抓起来了不成?"高柔心平气和地解释说："陛下让我做庭尉，庭尉执掌国法就像天下的一杆秤一样，必须做到事事依法，公正无私。陛下交给我的这个案子只有被告，没有原告，不能调查，更无法对质，连案情都无法搞清楚，陛下让我怎么去秉法持平呢？再说犯禁也有情节轻重之分，渎职也有态度好坏之别，我怎么能因为陛下一时喜怒去破坏整个国家的法度呢?"这一席话，把魏明帝问得哑口无言，想了好久，只好把功曹张京报告刘龟犯禁的真实情况告诉了高柔，并说："看来，这个案子还是请您秉法处置的好。"

高柔一回府，立刻派人拘捕张京归案。审问的结果正如刘龟交代的那样：刘龟并非偷猎，乃系误入，后又主动退出，处罚金；张京渎职，报案不清，但系事后主动检举刘龟，从轻发落，处罚金。当天便把处理结果报给明帝，魏明帝也表示满意，并下诏表扬高柔执法公平。

后来，高柔对自己的属官谈到这件事时说："法律就是要讲公平，不管什么人犯了法，都应当各当其罪才是。”

隋文帝执法不恕子

隋文帝杨坚的第三个儿子叫杨俊，封秦王。他在担任并州总管期间，生活奢侈，违越典章，私自模仿皇宫建造自己的宫殿，用外国进贡来的香料涂墙壁，用美玉、黄金装饰台阶，宫殿的墙上到处镶着小镜子。之后，他广搜美女，日夜淫乐。杨俊有一姓崔的妃子，见其夜夜不归，另求他欢，于是心生妒意，便在瓜中置毒，送给杨俊食用。杨俊吃后虽没有致死，也中毒病倒被召送京。隋文帝派人调查，弄清情况，心中大怒，将杨俊免官，将崔妃废去名位赐死。

文帝法不恕子，震动朝纲。有的大臣以为这是文帝故弄玄虚，做样子给别人看的，仍拭目以待。左位将军刘升也以为文帝只不过是一时生气，便前去求情道：“秦王只不过是耗费了国家一些钱来建造宫舍府第，算不上什么大罪，陛下为此罢官，处罚有些过重。我认为应该饶恕，请陛下再慎重考虑。”隋文帝严肃地说：“国家的法律不可违背，不论什么人都得遵守。”过了几天，尚书仆射杨素见文帝仍没有饶恕杨俊的意思，又向其进谏道：“秦王有错，但还不致免官，陛下的确处理过重，务请陛下慎重从事。”文帝听后，震怒道：“你们的认识有毛病。我难道只是太子杨勇、晋王杨广、秦王杨俊、蜀王杨秀、汉王杨谅五个儿子的父亲，而不是天下人的父母官吗？皇子和百姓应该是一个法律。如果照你们的意见，何不专门制定一个用于皇子的法律？周公姬旦（周文王第四子）为人施政，尚且诛杀举兵造反的管叔、蔡叔，我的确比周公差得很远，但又怎能枉法徇私呢？

杨俊听说文帝连杨素的请求都拒绝了，心中很是害怕，随之病倒了。病中，杨俊给隋文帝写信表示认罪，请求宽恕。隋文帝对来送信的人说道：“你回去告诉杨俊，我之所以艰苦创业，都是为了他们，希望大隋天下，能通过子孙万代相传。他是我的儿子，但其行为是要将杨家的天下断送，叫我还有什么可说呢？”没过几天，杨俊羞愧而死。杨俊死后，他手下的人请求给杨俊立个碑，以作纪念，文帝不同意。他说："要想留个名，在史书上一笔就够了，何必再为他立碑！"

从此，隋文帝"法不恕子"的故事流传下来。

赵绰执法不惜己死

隋文帝时大理少卿赵绰，为人贤良刚毅，处法平允。

一次，南朝陈旧将肖摩诃的儿子肖世略在江南作乱，按法律规定，肖摩诃应受株连之罪。

文帝道："世略年纪不满二十，他能有什么作为，只因他是名将之子，受人逼迫罢了！"因此，决定赦免肖摩诃。赵绰认为不可，坚持谏诤，文帝争执不过，于是想趁赵绰不在场的时候，下赦免的诏令，所以就让赵绰退朝用饭。

赵绰道："臣奏请的，尚未判决，不敢退朝。"文帝说："大法官是要我亲自特赦肖摩诃啊！"赵绰道："按法律，臣只能判他的罪，要放他，那只有皇上特赦了。"文帝于是诏令释放了肖摩诃。

有一个刑部侍郎辛亶，总是穿红裤子。习俗认为穿红裤子会得到功名利禄。文帝以为他搞蛊惑人心的巫术，要处斩他。赵绰说："根据法律规定，辛亶不应当处死，臣不敢奉行这个诏令。"文帝怒气冲冲地对赵绰说："卿怜惜辛亶而不爱惜自己吗？"便命左仆射高颎也把赵绰杀掉。赵绰从容地说："陛下！宁可杀了小臣，也不要杀辛亶。"说罢，赵绰解下衣冠，准备受刑。

这时，文帝又改变了主意，命左右先把赵绰扣押起来，并派内侍去问赵绰究竟怎么打算。赵绰让文帝派来的内侍去复奏自己的两句话："执法一心，不敢惜死。"文帝听了很不高兴，回到后宫，过了半天还是释放了赵绰。

第二天，隋文帝悔悟过来，很感激赵绰，嘉勉他的忠贞，给了他丰厚的赏赐。

隋文帝时，禁止使用破损的旧币。一次，有两个人在市场上用旧币兑换新币。武士将他们抓起来问罪。文帝下令将两人处斩。赵绰进谏道："这两个人应当罚以杖刑，斩首是违背律令的。”文帝说:“不关卿的事。”赵绰说：“陛下并不认为臣愚昧昏庸，才把臣安置在大理寺的职位上。皇上随意杀人，怎么能说不关臣的事呢?”文帝说：“摇撼大树不动者，应当退下去。”赵绰对答道：“臣希望感动天心，更不用说撼动树木了!”文帝又说：“尝汤的人，汤热就放下了，天子的威严，你想忤逆吗?”赵绰一面叩头，一面跪行着向文帝跟前凑近。文帝呵责他，他也不肯往后退缩。

文帝无可奈何地退入后宫。治书侍御史柳彧也再次恳切地上奏诤谏，文帝方才罢休。

隋文帝以赵绰有“诚直之心”，所以很敬重他，常常在寝宫会见赵绰。有时遇上文帝和皇后同榻而坐，也给赵绰赐座，评论朝政得失，先后赐予赵绰的金银财物，数以万计。

元褒引咎自诬

隋文帝开皇二年，原州地方有一个商人失盗。商人怀疑是在旅店同宿的人作的案，就把那人扭送到衙门，告他偷窃之罪。当时，元褒任原州总管，他在审案时，观察到被告面有冤色，对答时言正辞顺，且辩白得有很道理，况且没有真凭实据，于是就将他释放了。商人不服，到朝廷控告元褒受贿放纵窃贼。隋文帝派钦差彻底追查。钦差根据商人诉状所列举的罪状审问元褒，问他为什么贪图金钱而放走窃贼?”元褒听了问话，不作任何申辩，很痛快地承认自己有罪。钦差就带着元褒，一同回到京师，向隋文帝奏报了案情，元褒被罚免官。

不久以后，偷窃商人钱财的窃贼，在另一个地方被抓住了。隋文帝召见元褒，问道：“你是朝廷的老臣了，地位和威望也是很高的，接受贿金放纵盗贼又不是好事，为什么就凭空地承认了呢?”

元褒对答说：“臣下受皇帝的委任，治理一州，不能平息盗贼，这是第一件罪状。州民被人控告，臣不把他交给司法机关，而把他放走了，这是臣的第二罪状。案件牵累了老实人，又没有发现偷盗的行迹，不靠法律程序的约束，以至于随便怀疑人和抓人，这是臣的第三件罪状。臣有三罪，怎么能逃脱罪责呢？再说，臣若不承认受贿，钦差势必继续到处追查，这样又会连累更多无辜，这只能是加重臣的罪过。所以我才自诬的。”文帝听罢，叹服元褒为人不同寻常，“称为长者”。

唐太宗宽刑

唐太宗李世民深谋远虑，临机果断，不拘小节。太宗凭才智勇武平定天下，刚即位时，有人建议他用权威刑罚整治天下，丞相魏征认为不可，他说明。太宗高兴地接受了魏征的意见，用宽恕仁义的政治理念治理国家，对刑法的使用尤为慎重。太宗命令长孙无忌、房玄龄等人修改法律，制定了《贞观律》。他们把整顿法纪视为国家的根本，所谓“安民玄政，莫此为先”，通过立法建制，防止司法冤滥激起民变的历史重演。唐太宗力求在刑罚中，体现他的宽容和仁爱。

唐太宗李世民像

唐太宗十分重视棍棒刑具与犯人施刑的利弊关系。他阅览了《明堂针灸图》，发现人的五脏六腑靠近脊背，针灸时偏离了穴位就有使人死亡的危险，那么行杖使人死去时有发生也就不奇怪了。然而杖刑又是五刑中的最轻刑，如此轻刑就有令人死亡的危险，于是便下令不许用笞杖刑具击打犯人的背部。拷讯囚犯时，要求每次行讯相隔二十天，拷讯三次为止，拷打总数不得超过二百杖。贞观四年（公元630年）颁布诏书：“罪人无得鞭背。”

唐律在唐太宗的建议下规定：“决笞者，腿、臂分受，决杖者背、腿、臂分受，拷讯者亦同。笞以下者愿背、腿分者，听。”

唐初为减少刑罚的酷烈，又在全国颁布关于棍棒刑具和其他刑具的规定尺寸，约束使用方法。

纵观历代封建统治者，唐太宗的“棍棒”统治是宽仁的，而且还体现了一定的人文主义关怀，这在封建专制时代是难得的。唐太宗在立法上提出的“以宽仁治天下，而于刑法尤慎”的思想，对后世影响深远。

太宗负姊杀赵节

唐太宗的姐姐长广公主嫁给赵慈景，生子名赵节。赵慈景奉高祖诏令出战，被杀殉职。后来，赵节被封为开国公，出任洋州刺史。长广公主也改嫁中书令杨师道。

太宗贞观十七年，皇太子承乾谋反。赵节素常和皇太子承乾关系很亲昵，参与了谋反的策划。他们的阴谋暴露以后，太宗废太子承乾为庶人，幽禁在右领军府。参与谋反的赵节等人，都处以死刑。长广公主为此事悲痛欲绝。

唐太宗知道长广公主十分难过，想请求自己赦免赵节，便亲自来到长广公主的府邸。公主见太宗驾到，就跪在地下以头触地，哭泣着请求太宗赦免儿子的死罪。唐太宗连连作揖谢礼，流着眼泪说：“赏不避仇雠，罚不阿亲戚，这是天下至公的道理，我不敢违背，所以只好违背姐姐的意愿了!”太宗终于向长广公主讲清了道理，处死了赵节。

不庇功臣

唐太宗贞观九年，盐泽道行军总管兼岷州都督高甑生违抗大总管李靖指挥，又反过来诬告李靖造反。事情查清后，高甑生应判死刑，结果减轻改判流放边疆。这时，有人向唐太宗反映说：“甑生是过去您秦王府的功臣，现在犯了罪，请您宽大赦免了他吧!”太宗说:“他虽然是我藩王府的有功之臣,但是治理国家要严格遵守法律,而法律的规定必须全国统一遵行,不应有任何特殊例外,现在如果把甑生赦免了,就等同于开了犯罪不判刑的侥幸之门。何况自太原起义建国以来,最早追随我并征战中建立功劳的人很多,假如甑生这次得免,那今后谁不心存这种非分的希望呢?那么是有功之臣都可以犯法了。我之所以对甑生坚持不予赦免,原因就在这里啊!”

戴胄法贵如一

戴胄字玄胤,相州安阳人。大理少卿的职务空缺,唐太宗认为戴胄是恰当的人选,于是任命他为大理少卿。

有一天,长孙无忌应召进宫,没有解下佩刀就走进了东上阁。尚书右仆射封德彝认为,监门校尉没有发觉这一情况,应当判死罪,长孙无忌本人应当处赎刑。戴胄说:“监门校尉和长孙无忌犯了同样的罪,臣子对于皇帝是不能以过失来为自己开脱的。依照法律,对于皇帝用的汤、剂、饮食和舟船造成损害的,即使出于过失,也要处以死刑。陛下因为长孙无忌于国有功,原谅他的过失是可以的,但是如果处长孙无忌罚金,而杀死校尉,法律就不成其为法律了。”唐太宗说:“法律是天下人的法律,我不能包庇自己的亲戚。”于是下诏命令大臣复议。

封德彝坚持原来的看法,唐太宗表示予以认可。戴胄说:“这件事不能按照封德彝的意见处理,监门校尉是由于长孙无忌的缘故才犯罪的,依法应当从轻处理。如果他们犯罪都是由于过失,那就不应只处死一人。”这样一来,长孙无忌和监门校尉都得到宽免。

崔仁师恕理刑狱

崔仁师早年科举出身，在隋朝做过录事参军，参加过纂修梁史和魏书。唐太宗贞观之初任御史大夫下属的殿中侍御史。

有一年，青州地方一批老百姓起来造反，被朝廷捕押了许多人，监狱都塞满了。太宗下诏命崔仁师审理这宗案件。

崔仁师接诏负责审案。一开始他就采取一些措施，撤去囚犯的刑具，改善囚犯的膳食和生活管理，讯问案情时也注意事实情节，掌握真凭实据。最后结案时，只惩办了十几名首犯、要犯，其他的一律予以释放。

崔仁师把处理的结果奏报给太宗，太宗决定派人复查。大理寺少卿孙伏伽见崔仁师释放那么多人，有点不放心，对崔仁师说："足下，此次奉诏办理青州地方谋逆一案，释放了那么多人犯，人情谁不贪生，在押的犯人见释放那么人，恐怕未必肯甘心情愿认罪伏法，倘若闹将起来，我深为足下担忧啊！"

崔仁师听了大笑，对孙伏伽说道："少卿有所不知，凡审理案件，应该以平恕为根本。怎么能因为自已怕风险，明知道他们蒙受冤屈而不替他们申冤呢？再说如果'万一暗短，误有所纵'，一时错放了人，那么以我区区一身去换取十条人命，我也是甘心情愿，在所不惜啊！"孙伏枷听崔仁师这么说，感到很惭愧，便告辞而去。

不久，太宗派官员来复查崔仁师办的这起案件。这批囚犯在公堂上异口同声地说："崔大人对我们实在太好了，丝毫也没有冤枉之处，我们甘愿服法。"再审讯时，没有一个人翻案。崔仁师因为漂漂亮亮地办了这起案件而名声大振。

狄仁杰遭陷

唐代名臣狄仁杰像

唐高宗仪凤年间，狄仁杰任大理丞。一年中，决断积压滞留的案件一万七千件，且“无冤诉者”。

当时，左司郎中王本立依恃高宗的宠信，专横用事，朝廷里大小官员都惧怕他。狄仁杰抓住他暴虐侵人的违法行为，奏请高宗把他交给司法机关处理。高宗却不加理会，准备宽大处理王本立。狄仁杰又据理力争，奏道：“国家虽然缺少英才，岂能说缺少王本立那样的角色？陛下怎能为了可怜他这个罪犯而损害王法？陛下一定要不合情理地赦免王本立，那就请把臣抛弃在无人之境，将来作为忠贞之人的借鉴。”高宗不得已，让大理寺定了王本立的罪。从此，朝廷里百官都循规蹈矩，不敢妄生是非了。

狄仁杰后来作豫州刺史时，越王起兵谋反，宰相张光辅领兵平叛，他率领的将士都居功自傲，向地方索取超额的军需。狄仁杰顶着不交纳，被张光辅在高宗面前奏了一本，狄仁杰被贬职。武则天掌权，改国号为周，封狄仁杰做地官侍郎、判尚书、同凤阁鸾台平章事等官职。一次，武则天对狄仁杰说：“卿在汝南的时候，实行的都是善政。卿想知道谁曾说过卿的坏话？”狄仁杰急忙道：“谢陛下！陛下若以为臣有过错，臣当改之；陛下了解臣没有过错，这是臣的幸运啊！臣不追究那个说坏话的人，并且还要认他作为好友，臣请求陛下不要告诉我他是谁。”武则天听了深深叹服，觉得狄仁杰为人确实与众不同。

不久，狄仁杰被来俊臣诬构反叛大罪，投入监狱。当时的律例规定，罪犯受审时，只要供认，就可以免去刑讯。来俊臣威胁逼迫狄仁杰承认反叛，狄仁杰叹息着说：“大周变革天命，万物都是新的，我是唐朝旧臣，甘心情愿受诛戮。我反叛是事实。”来俊臣听他承认了谋反，对他的刑掠稍微宽松了一些。狱官们只等到时行刑，也不再严密看守。狄仁杰从看守的狱卒处弄得笔砚，扯了一块被里布，写上冤状塞在棉衣里边。然后对判官王德寿说：“现在时令正热，请把棉衣交给我家里人，把棉花扒掉。”王德寿没有察觉棉衣里的夹带，把棉衣交给狄仁杰家人。

狄仁杰的儿子狄光远在拆去棉絮时，发现冤状，就带着它到朝廷上去，说有变乱要报告。武则天急忙召见。狄光远叩拜礼毕，呈上冤状。武则天看过后，即刻招来俊臣追问情由。来俊臣狡猾地编了一通谎话，说狄仁杰在狱中全身冠戴整齐，住处很安静，并没有什么服罪的事。武则天又派使者去检查。来俊臣强令狄仁杰穿戴整齐后接见使才，同时，又令王德寿冒替狄仁杰写了一份承认谋反的谢死表，交使者带回宫中，进呈武则天。武则天看了谢死表后，亲自召见狄仁杰，问他承认谋反是怎么回事。狄仁杰答：“这么多日子，臣若不承认谋反，早已死在鞭笞之下了。”武则天又问：“为什么作谢死表?”狄仁杰惊讶地说：“臣无此表。”武则天把谢死表给他看了，狄仁杰一再否认说不是自己的手笔。武则天才知道是别人冒替写的。狄仁杰得以免死，贬为彭泽令。狄仁杰后来做过都督、宰相、元帅，封梁国公。

徐有功舍命履法职

唐代的徐有功曾经做过司法参军，后来升任司刑丞。他“为政宽厚，不行杖罚”，“常于殿庭论奏曲直”。酷吏周兴、来俊臣“构陷无辜”，而徐有功“皆议出之，前后济活数十百家”。武则天时常声色俱厉地责问他，而他却“神色不挠，争之弥切”。徐有功多次被贬为庶人，却“终不挫折”。

徐有功曾经遇到过这样一起案子：润州刺史窦孝谌的妻子庞氏被家奴诬告谋反，经给事中薛季昶审讯结案，判决庞氏死刑。庞氏的儿子跑到徐有功的衙门，击鼓喊冤。徐有功升堂一问，原来是个为母申冤的，听他说完了冤情，经过调查核实，最后平反了这起冤案。

案子平反了，给事中薛季昶觉得丢了面子，对徐有功心怀不满，于是诬陷徐有功与庞氏结党谋逆。这是十恶不赦的大罪，武则天定徐有功弃市之刑。

这天，徐有功正在坐堂视事，属下的令史官哭着跑来向他报告这个消息。徐有功听了之后哈哈大笑，说道："这世界上有那么多人，难道唯独我死，而其他所有的人就长生不死！死有什么可怕呢？"说罢，他从容不迫地整理衣冠，异常镇静地进宫谒见皇帝。

武则天召见了徐有功，严厉地责备他所断的案子许多是量刑过宽，完全是有意放纵！徐有功道："陛下！臣若判过宽，这是小的过错，可是由此而拯救了不少好人的性命，这却是大的恩德啊！臣愿陛下弘扬大德，那么天下就很幸运了。"武则天听了这番话，一时默不作声。她免了庞氏的死罪，改判充军，而把徐有功免为庶人。

徐有功严以守法，是无所顾忌的。每当他见到武则天要杀人，就在朝廷上据法力争。有一次，他同武则天为一桩案件争执不下，居然对皇帝也声色俱厉。武则天大怒不已，下令立即把徐有功推出午门斩首。武士们听令，当即上殿，连拖带拽，架着徐有功往宫门外走去。徐有功一面挣扎，一面回头对武则天喊道："陛下，臣虽身死，可是法律始终没有更改啊！"武士们将徐有功拉到午门外，正要行刑，只见一名内侍，从宫中奔跑出来，高声叫道："圣上有旨，刀下留人！"徐有功才得免一死。

武则天朝，有一名酷吏名叫皇甫文备，他与徐有功一起审理案件，却到武则天跟前诬告徐有功在审理案件中资助、包庇坏人。武则天信以为真，就不让徐有功继续审案。不久之后，皇甫文备被人告发下狱，恰巧是徐有功审皇甫文备，将他做了宽大处理。有人见徐有功宽大处理皇甫文备，就对他说："当初皇甫文备要把你置于死地，如今你反而对他宽大处理，这是为什么呢？"徐有功答道："这个道理是很明白的，你所说的是我和皇甫文备之间的私愤，而我应该遵守的是国家的法律，因此，我怎么能为了泄私愤而损害国家的法律呢？"

武则天废黜唐中宗后，徐敬业和骆宾王等起兵讨伐武则天。当时有一名叫韩纪孝的人，在徐敬业方面做官。徐敬业兵败之时，这个韩纪孝早已死去。可是推事使顾仲琰奏请武则天下诏，依法籍没韩纪孝的家私人口。徐有功向武则天进谏，韩纪孝因为谋反应该处斩。现在他本人已经死去，就不能处斩了，如果他的案情严重，不能放过他，陛下可以派人去戮尸。至于韩纪孝一家大小犯连坐之罪，无疑是韩纪孝处斩的缘故。现在韩纪孝既未处斩，那么他一家人连坐就没有道理了。韩纪孝已经死去，他全家人的连坐罪就应当减轻，改判徒刑。然而如今陛下却要籍没韩纪孝的家私人口，不知是根据什么律例?

武则天听徐有功说得有道理，就又重新下诏，按徐有功的意见判决释放韩纪孝一家人，使数百人免去籍没之罪。

徐有功一次对身边亲切的人说："我身为法官，判案是人命关天，所以绝不能一味顺从皇帝旨意而说假话，来保全自己的乌纱帽。"因为他忠心耿耿地维护封建法制，符合封建统治阶级的根本利益，所以酷吏就渐渐地吃不开了。

马怀素秉公抗命

马怀素在武则天朝做过左台监察御史。

当时，有一位御史大夫魏元忠被张易之陷害，被判充军之罪"发配岭南"。魏元忠出发当天，两名官员崔贞慎和独孤祎之到长安郊外为他饯行。张易之听到这个消息之后大为生气，唆使手下人诬告崔贞慎和独孤祎之是魏元忠的同党，阴谋陷害他们。武则天接到密报后召见马怀素，委派他去审理崔贞慎和独孤祎之的案件。

时过多日，马怀素送上一份奏表，报告崔贞慎、独孤祎之并非与魏元忠勾通谋反。武则天不相信，又派了内侍去催促马怀素，让他赶快把崔贞慎等与魏元忠通同谋反的罪名确定下来。马怀素仍然没有照办。

内侍回宫复命。武则天很生气，传旨把马怀素招来，亲自责问他为什么不按自己的旨意早早把崔贞慎等人的罪名定下来。

马怀素奏道："此案经臣审问，崔贞慎等均已供认，因为他们几个人和魏元忠的私人感情不错，魏元忠犯罪充军，所以饯酒相送。崔贞慎等为魏元忠饯行，确实是个过错，理应受到责罚，至于与魏元忠勾结谋反的情节，是根本不存在的。武则天道："崔贞慎等人去饯送魏元忠，就是合伙谋反的证明。"马怀素道：

“崔贞慎等人并没有与魏元忠通同谋反，若定下他们谋反之罪，臣岂不是欺罔了神明，那是万万不敢的。”武则天道：“朕的旨意已决，为什么不按朕意判崔贞慎的罪呢？”马怀素道：“陛下，汉代彭越因为谋反，受到诛杀。‘栾布奏事于其尸下’，朝廷也并未株连栾布而判其谋反罪。何况，魏元忠也不是犯彭越那样的死罪，陛下岂能给崔贞慎等人加相似之罪。”又说：“陛下握有生杀之权，如果想给崔贞慎等人安什么罪名，是完全可以的。然而陛下把案件交给臣审理，臣敢不遵守陛下的法律吗？”

听了马怀素这一番话，武则天也讲不出别的道理，于是赦免了崔贞慎和独孤祎之。

许孟容严惩神策吏

唐宪宗元和四年，许孟容被皇帝委任为京都地方的行政长官——京兆尹。

当时，神策禁军和地方官府之间矛盾很深，原因是兴元年间禁军立过功劳，况且能加入禁军的都是朝廷显贵当中享有特殊恩宠的人物，结果是禁军“日益纵横”，府、县都管束不了他们。

有一次，禁军中一名叫李昱的军官，借了长安城里一个富翁八千贯钱，欠了三年不肯偿还。债主告到府衙。许孟容当即派差役将李昱拘捕，关押起来。案件审问清楚后，许孟容判决李昱必须限期归还借款，到期不还就要处死他。对待骄横无羁的神策禁军头目，许孟容居然“刚正不阿”，敢于“以法绳之”，于是引起了一场风波，整个神策禁军“一军尽惊，冤诉于上”，纷纷向皇帝告状。

于是，皇帝派内侍降下旨意，令许孟容赶快把李昱送回神策军去。许孟容没有理睬。皇帝见许孟容竟敢违抗旨意，便又派遣内侍，把许孟容押进宫去。

皇帝见捉来许孟容，便问道：“许孟容为何不释放李昱，知不知道违抗圣旨是犯了死罪？”

许孟容奏道：“陛下，臣完全知道违抗皇帝的诏书是犯死罪的，应当杀头。

然而，为臣所负的责任，就是为陛下弹压管制那些横行不法之徒。李昱强横霸道，借钱不还，哪有这个道理。反正李昱不偿还，臣就不放人。”

皇帝本来想吓唬一下许孟容，要他放人了事，现在一听觉得许孟容判案是正确的，于是批准了许孟容的判决。从此以后，京城“豪右敛迹”，京官“威望大振”。

段秀实仗义执法

唐朝天宝年间有个段秀实，起初随从安西节度使马灵詧出战立了大功，皇帝授予他安西别将的职衔，以后又屡建战功，升为泾州刺史。

当时，唐朝的功勋大将郭子仪挂副元帅印，正统兵在泾州一带，帅府在泾州蒲城。郭子仪的儿子郭晞以检校尚书的职衔领行营节度使，屯兵邠州。邠州地方不少地痞流氓改名换姓加入郭晞的军伍。他们穿着官兵的服装，白天成群结伙地离开军营，在市街上强讨硬取，遇见不肯白送东西给他们的便动手就打，抬脚就踢，推倒摊床，捣毁店铺，弄得满街都是木椎、铁锅、瓦盆。在打砸抢夺时，经常伤害一些做生意的人，甚至撞伤孕妇。邠州府节度使白孝德慑于郭子仪的权势，眼瞅着这种惨状一筹莫展，敢怒不敢言。

一次，段秀实从泾州来到邠州府衙公干，白孝德向他说了这些情况，段秀实听后十分气愤。他对白孝德说：“天子把生民百姓交付给大人了，大人眼看百姓被害，还毫不作为。郭晞的兵丁作祸，这跟大乱天下有什么不同啊！”白孝德感到很惭愧，忙说：“愿闻大人指教。”段秀实立刻表示，如果能任命他作邠州府的都虞侯，掌管侦察巡逻，就能解决这个问题。白孝德高兴地表示同意，并立即给军卒们发了一道文书，广为晓谕。

不久，有十七名郭晞的士兵，又到市集上作祸，向酒店强要酒喝。有一个卖酒的老翁稍有怠慢，就被这帮家伙一刀刺死，还砸碎了酒坛。段秀实得到了兵卒杀人的报告，马上调集士卒，一声令下，把这些兵痞、歹徒全部捕捉起来枭首示众。

郭晞的军卒听说自己的弟兄被杀，整个军营内都鼓噪喧闹起来。一个个都披挂定当，手持刀枪，横眉竖眼地准备冲杀出来报仇。

忽然有一个兵卒喊道："弟兄们！看姓段的家伙自己走上门来找死啦！"军卒们闻声看去，只见一个瘸腿老兵牵着马，段秀实骑在马上不慌不忙地解下佩刀，径直来到郭晞的军营门前。那些披甲持械的军卒见段秀实来了，便一拥而出，怒目盯视着段秀实。段秀实下得马来，昂首含笑阔步地走进营栅，说道："你们要杀我这样一个老兵，何必披甲戴盔，张弓拔弩呢！我是来送头颅给你们的。"军卒们听了惊愕得目瞪口呆，一时不知所措。

段秀实见到如此情景，就善言开导他们说："弟兄们，你们都是检校尚书的部下，是副元帅的部下，怎么想以暴乱来败坏郭元帅的名声吗？"正说到这里，郭晞走了出来。段秀实接着又说："副元帅功塞天地，而今检校尚书恣意放纵兵卒施虐百姓，让他们扰乱朝廷的边陲，你想这会归罪于谁呢？这个罪过已经连累到副元帅啦！长久以来，邠州有不少流氓恶少，改名换姓，混入队伍，打着检校尚书部属的旗号，到处为非作歹，受害的百姓比比皆是。百姓纷纷议论说，检校尚书依仗着副元帅的权势，所以才对手下作恶的兵卒不加制止。这样下去，郭子仪的功名还能剩得多少呢？"

郭晞越听越感到段秀实说得有道理，心中十分懊恼，于是急忙上前再三揖拜说："能得到你的教诲，真是幸运啊！"一面叱责左右兵卒道："你们这都是干什么，还不给我赶快回营去，卸脱盔甲，收起刀枪。"段秀实笑道："我还没有用饭哩！请为我收拾些饭菜来。"郭晞连忙吩咐摆宴款待段秀实。

吃完了饭，天色已晚，段秀实对郭晞说："检校尚书，我的病发作了，愿意留在门下住一宿。"说完就在营中的床上和衣而睡。郭晞对段秀实这些言辞和举动，十分吃惊，令更卒鼓着木梆，进行警卫。

次日，郭晞和段秀实一同来到白孝德节度使府上，郭晞就自己的部卒骚扰百姓的事向白孝德表示了歉意，又表了对兵卒严加管束的决心。邠州的百姓们都纷纷议论说，邠州得到安宁，全是段秀实的功劳啊！

唐临治狱求宽大

唐朝武德年间，唐临任万泉县县丞。县牢里囚禁着十多名轻罪犯人。

时值暮春雨季，正值春耕播种的好季节。唐临请县令把这些犯人放回家去种地。县令听了很惊讶，坚决不许。唐临笑着对县令说："明公若是有所疑虑，我唐临独自承当这个罪过。"县令见执拗不过，就找借口请了几天假，回避起来。县令不在，唐临就把这十多名囚犯招来，对他们说："目前正是暮春多雨季节，是种地的好时光，节气不等人，所以现在放你们回家耕田种地，好谋求生活。"并规定种完地后仍旧回到狱所，不得有误。囚犯们都非常感激唐临的宽大和恩典，于是高高兴兴地回去种地了，并且都在规定日期，一起回到了狱所。此后，唐临开始远近驰名了。

后来，唐临迁升为侍御史，奉诏出使岭外，他检查了各种冤狱，平反了三千余人的冤案。唐高宗即位后，唐临任大理卿。高宗对唐临说："治理国家最要紧的是刑法，然而'法急则人残，法宽则失罪'，务令中正，才能符合朕的心意啊！"高宗经常亲自视察检录死囚。唐临任大理卿之前，高宗每见死囚时，他们都在喊冤，而唐临任大理卿之后，高宗来到囚牢，那些经唐临判决的死刑犯却默不作声。高宗见此情况觉得很奇怪，问囚犯道："你们都没有冤枉吗？"囚徒们回答："陛下，罪行都是自己犯下的，唐大人所断并无冤滥，所以我们也就心甘情愿地服罪了。"高宗十分感慨，叹息良久说道："处理刑狱，难道不都应当是这个样子吗！"

永徽元年，唐临为御史大夫。华州刺史肖龄之从前在广州都督任内贪赃的事被发现。高宗把案情交付群臣一起议定。有的大臣提议流放，有的提议罢官除名。高宗动怒，指责大家都说得太轻。唐临奏道："陛下！臣下听说国家之大典，在于奖赏和刑罚，古代的圣王对刑罚都是宽恤的。《尚书·虞书》说得好：犯罪事实还有疑问时，只给轻微处罚，立了大功，即使有点过错的，也要重赏。《周礼》也写道：国家安定时用中刑，国家动乱时用重刑。现在天下太平就应当用尧舜的刑典。近来司法官大多用重刑，凡有赏功叙勋的一律加以剥夺，论罪必定按照重罪的科条来定，其实并不是出于憎恶罪犯，只不过是为了顾全自身的安危。肖龄之是陛下委任的封疆大吏，贪赃的罪过实在严重，按照情节定案，死有余辜。然而，陛下今天既是让臣下议定，这就必须依法办事。刚才议事的众位大臣，没有真正了解议刑的本意。议刑就是根据‘八议’制度，议定犯罪的罪状与刑罚，给亲贵们减刑。陛下今天既然容许我们议罪，反而又要加给他重刑。这正与尧、舜的德政相违背，不能成为后世万代效法的榜样。”

高宗听了这一席话，觉得有理，便听从了唐临的奏请。肖龄之得到了流放岭外的宽大处理。

李元素明冤纵囚

李元素字太仆，是邢国公李密的裔孙。他出任御史职务期间，曾经处理过这样一起案件：东都留守杜亚厌恶大将令狐运，这时有一批强盗在洛水以北地区抢劫了缴纳官府充当赋税的丝织品，适巧令狐运和他的僚属们在附近打猎。由于这个缘故，杜亚对令狐运等人产生了怀疑，将他们逮捕审讯。杜亚府中的幕僚穆员和张弘靖，经过对令狐运等人的审讯，没有发现确凿罪证。杜亚大怒，另派心腹爱将武金对令狐运等人实行严刑迫供，不少人死于酷刑之下。

杜亚上书皇帝，要求宣布令狐运是坏人。皇帝下诏命令监察御史杨宁复核案件。杨宁发现杜亚提出的控告完全与事实不符。这又激怒了杜亚，他指控杨宁欺骗皇帝，并以此为理由将其判罪。杜亚为了维护自己的威势而固执己见，牵强附会，罗织罪状，使人们对这起案件造成不容推翻的印象。

唐德宗深信杜亚对案件的处理是正确的，但宰相却提出了疑问，于是再次下诏，要求元素与刑部员外郎崔从质、大理司直卢士瞻立即前往东都审理此案。杜亚出来迎接，介绍了案件情况。李元素逐渐发现这是一起冤案，于是释放了被囚禁的全部人犯，然后回朝复命。杜亚十分惊异，向皇帝控告李元素犯了失察的罪行。等到李元素把审理案件的经过陈述完毕，唐德宗就打断他的话说：

“算啦！你给我出去！”李元素说：“我的话还没有讲完。”德宗说：“即使没有讲完，也要给我出去！”李元素说：“我是以御史的身份审理此案的，明知是冤案而不能把全部情况讲出来，我没有脸面再见陛下了。”这席话使唐德宗心平气和下来，于是李元素把令狐运蒙冤的情况一五一十地讲了出来，德宗深受感动地说：“除非是你，又有谁能够搞清这起案件的是非呢？”一年以后，真正的强盗被捕获了，李元素由此而赢得了天下人的敬重。

周敦颐弃官护法

宋代的周敦颐是理学的开山鼻祖。他曾任分宁县主簿，“有狱不决者，敦颐至，一讯立辩。”一些久审不决的案件，周敦颐经手审理之后，立刻就把案件的来龙去脉、是非曲直弄得一清二楚。当地人都很佩服他，认为即使老资格的刀笔吏也不如他。后来周敦颐被推荐调往南安任司理参军。

有一次，南安转运使王逵审理一个案件，依照法律罪犯不够判死刑，可是王逵想要对罪犯加重处罚，硬是判处死刑。王逵是一个出名的既横暴又凶狠的官吏，他裁决之后，谁也不敢提出异议。周敦颐见事不公，就独自与王逵进行争辩。王逵根本不听别人的意见，周敦颐一气之下，把手板一扔，表示不愿再做官了。他说：“就这样办案，谁还能做官呢？让我杀人来给长官献媚，我可不干那样的事。”说罢就退堂走了。

王逵见周敦颐拂袖而去，多少也有点醒悟，又重新按法律衡量了罪犯的罪行，免去了罪犯的死罪。

何叔度议连坐

宋朝义熙年间，吴兴郡武康县有个名叫王延祖的人犯了抢劫罪，被他的父亲王睦揭发。根据当时新颁布的刑律规定，凡是犯抢劫罪的，本人犯死罪，家属也要连坐，一律弃市。可是，王睦大义灭亲，揭发检举了自己的儿子，应该怎么办呢？因为刑律上还没有这方面的规定。

朝中的大臣在讨论这个案子时，议论纷纷，莫衷一是，尚书何叔度说："朝廷立法，目的是为了防止作奸犯科，从情理的根本来说，并非说一个人犯了抢劫罪，全家都要科以刑罚。所以要连坐家属，目的就是要他们出来检举揭发犯罪分子，使罪犯受到家属的抵制，想逃避法律责任也逃避不了，这样就从根本上解决了问题。现在王延祖犯罪，王睦出首告官，从情理上说，于情可以原谅，于理亦应宽大。既然王睦已经把王延祖扭送官府，那么家属就不应当再追究了，这样才是合乎情理的。"众位大臣听了以后觉得很有道理，于是就同意了何叔度的意见，没有追究王睦的弃市之罪。

生为直臣　死为直鬼

周新是海南人。洪武年间，他在大理寺当法官，以善审判案件著称于世。明成祖即位，周新改当监察御史。他敢于向皇帝说直话，那些违法和失职的官吏多被他检举揭发。皇亲国戚都感到震惊，认为他是"冷面寒铁"。京城内的人甚至用他的名字来吓唬小孩，小孩一听就奔跑躲藏起来。

后来选拔周新到浙江当按察使。浙江的冤民在监狱里听说周新要来，都高兴地说"我们有救了"。后来这些冤狱果然得到了昭雪。

周新刚进入浙江境内，一群苍蝇似的昆虫迎着他的马头飞，他就打发人沿着这些昆虫飞的方向去找，在荆棘丛中找到了一个死人，在他身上系着一个小木印。周新仔细检验这印，知道死者是个布商，他就秘密地派人到处去买布，在布上发现有和死者木印文字相合的就抓起来追问，结果把抢劫布商的杀人强盗全部捉到。周新在浙江出色地侦破了许多起狱案。

锦衣卫指挥纪纲派遣了一个千户到浙江办案，这个千户来后勒索贿赂，作威作福。周新打算把他捉住惩办，千户听说便逃跑了。没过多久，周新送文书簿册进京，在琢州碰上了这个千户，立刻把他抓捕，关押在琢州监狱里。他趁空逃脱向纪纲诉苦，纪纲就向皇帝诬告周新的罪状。皇帝大怒，命令把周新逮捕。这些逮捕的旗校都是锦衣卫的私人，在路上把周新打得体无完肤。最后到了朝廷，周新伏在阶陛前高声地说："陛下命令按察使办事，职责和都察院一样。我奉您的命令去捉拿奸臣恶贼，您怎么反而来惩办我！"皇帝听了更加气愤，命令把他杀了。临刑时，周新高声大喊道："我生前当个直臣，死后也要当个直鬼！"周新就这样被杀掉了。

海瑞执法抑强暴

海瑞像

明朝嘉靖年间，海瑞在赣州府兴国县作知县。有张魁、张豹二人到兴国县以购买木材为名，骗取百姓的银两，还无理殴打卖主，抢夺木材。百姓到县衙告状，海瑞急忙受理。这时张魁、张豹在外宣称他们是南昌张尚书的公子。海瑞最恨官僚强权依势欺压百姓，所以决心治张魁、张豹的罪。

可是，海瑞心里很明白，凡是这类案子一定得办周详，否则就会栽跟头。于是，他对原告详加询问，并亲自察访，确认所告情真无诬，然后，就让衙役传讯张魁、张豹。二人气焰十分嚣张，居然不到公堂受审；而当百姓在县衙控告时，却又突然登堂无理取闹。海瑞忍无可忍，发签令衙役将张魁、张豹捉拿归案。

张魁、张豹不服罪，向赣州府申诉。这时张尚书亲自向州府各个衙门写信疏通，还拜托路过赣州的大小官吏向州官说情。经过张尚书这番活动，赣州府官竟昧着良心判决张魁、张豹无罪。海瑞知道情况后十分气愤，他向巡道大人写了呈文，进行辩驳。

呈文说："张魁、张豹的罪行，已经过慎重的审问和详细的调查，没有丝毫冤屈。全县对他们民愤颇大。张尚书写信，挨个衙门递送，过往官吏无不请托，最后将他们无罪释放，人心不服。张魁、张豹犯事在兴国县，张尚书身居南昌，怎么能明了千里以外之事。张魁、张豹如果是张门之人，那也是托投权贵，为的是挟势骗财。古人说：狱贵初辞。张尚书遥度之言可信，而本县申文怎么就一字不可信呢？"

接着海瑞在呈文中又说："我做了多年的县官，深知衙门的宿弊。张魁、张豹知道本官痛恨他们专横诡诈，要查办他们的罪行，为了开脱自己的罪过，他们贿赂书吏，所作供认都是亏心妄言，而作出错误判决的是州府那个赵推官，促成赵推官作出错误判决的又是钟齐朝和黄春槐。黄春槐年轻无知，慑于权贵，语言出入不足怪。钟齐朝是个暴发户，老奸巨猾，怎么能放纵他呢？"海瑞据理申辩，继续写道："张魁、张豹得利而去，逍遥法外，但是，他们终究不是王法管不着的'化外之民'。上司的职责就是锄强抑暴，本县权微，专心牧养民生，清理冤抑，若是见到老百姓有冤枉而不敢说话，知道奸贼而不及时告发，对上怠慢对下残忍，那怎能算得上为民父母！士君子为官做事，主要是服人之心，不在服人之口。法可执于庶民，不可行于乡官，这已经成为俗套。但是论道理，法度不应当如此。做县令、知府的，不可流于俗套，与这种习俗流弊，同流合污。"

海瑞这番义正词严的辩驳，使巡道大人无法搪塞，只得让海瑞将张魁、张豹重新治罪。

海瑞严惩小衙内

明朝万历年间，海瑞在淳安县作县令，他的顶头上司是浙江总督胡宗宪。胡宗宪有个儿子，素常依仗他父亲的权势，为非作歹，无恶不作。

一次，胡宗宪的儿子来到淳安县，仗着总督公子的身份，胡作非为，敲诈勒索。他嫌招待不周，动手毒打驿站的官吏。这边胡公子打人，那边早就有人飞速跑到县衙去报告。海瑞得报后，立即发下火签，派衙役捉拿胡公子。

不大功夫，衙役将胡公子拿到，海瑞即刻升堂审问。胡宗宪的儿子一向是骄横惯了的，一个小小的县令，自然不在他的眼下。

海瑞问道："你是什么人，竟敢到驿站行凶？"胡公子道："老子是胡总督的公子，谁叫他招待不周，就得吃我的拳头！"

海瑞知道胡宗宪的儿子很坏，便有意煞煞他的歪风邪气。于是说道："你说自己是胡总督的公子，简直是胡说八道。胡总督身为朝廷命官，定然要将儿子严加管束，岂能放在外边行凶作恶。你定是冒名顶替，招摇撞骗之徒。来人啊！将这个骗子重重地打一顿棍子。"

胡宗宪的儿子听说要吃棍子，不免心里发慌，嘴里喊道："看你敢不敢打，我爹可不是好惹的！"

海瑞心想今天我非要好好教训教训你！便吩咐左右将其拉下去痛打一顿，并且没收了他身上的银两。

海瑞责打胡公子之后，亲自写了一份公函，派人送给胡宗宪总督。胡宗宪打开公函一看，只见写道："有一个纨绔子弟，假冒总督公子在县里为非作歹，败坏总督名声，令人难以容忍。我严厉地惩罚了他一顿。"胡宗宪看完公函，明明知道海瑞打了自己的儿子，但是"哑巴吃黄连，有苦说不出"，只好忍气吞声，隐忍作罢。

第六编　法律成语典故

恶贯满盈

《尚书·泰誓》有这么一句："商罪贯盈，天命诛之。"研究《尚书》的古代学者，给这一句下过注解，有的说："纣之为恶，一以贯之，恶贯已满，天毕其命。"有的说："纣之为恶，如物在绳索之贯，一以贯之，其恶贯已满矣。物极必反，天下欲毕其命。"这两种解释，基本上是相同的，都是说商纣王不断作恶，一件又一件的罪案愈积愈多，好比把东西一件又一件地穿在绳索上一样，已经穿满一贯了。也就是说商纣王的罪恶已经作够，临到他的末日了。

商纣王是古代的一个暴君。《泰誓》是周武王讨伐商纣王时，在他的军队渡过黄河、直逼京城朝歌的胜利形势下发布的誓师宣言。其实，所谓"商罪贯盈"的"贯盈"一词，是一种比喻的说法。"贯"就是"串"，是动词，也是名词；"盈"就是"满"。例如古人把钱币串满一串，叫做"一贯"。以此比喻积恶，积满了，到头了，也就叫"贯盈"。"贯盈"就是成语"恶贯满盈"的前身，也可以说是它的简称。

《左传·宣公六年》载："赤狄（赤狄，是春秋时北方狄族之一种，在今山西晋东南的潞城、黎城一带）伐晋，围怀及邢丘。晋侯欲伐之，中行桓子曰：'使疾其民，以盈其贯，将可殪也。'"意思是他们好战，必为人民所厌弃，恶事作满了，他们便将灭亡。

这里所谓"以盈其贯"的"盈贯"，与《泰誓》所说的"贯盈"是一样的意思。《韩非子·说林》写作"满贯"，它有这么一段故事：

有与悍者邻，欲卖宅而避之。人曰："是其贯将满矣，子姑待之。"答曰："我恐其以我满贯也。"遂去之。

故事说有人同一个粗暴蛮横的人相邻而居，颇觉不安，决定卖掉房屋搬到别处去住。旁人劝他道："不用急，那个家伙恶贯将满，你且等等吧。"这人答道："我就是怕他拿我来满贯啊！"结果，还是搬了家。

"恶贯满盈"也被说作"罪恶满盈"，用来形容罪大恶极，到受惩罚的时候了。

画地为牢

传说在唐尧和虞舜时代，人有过错，被罚囚禁，则在地上画一圆圈，置罪人于其中，罪人不敢走出；或在罪人身旁栽一木桩，算做“木吏”，看管罪人，罪人也不敢离开。说明人们对刑法是十分重视和畏惧的。

典出司马迁《报任少卿书》：“故士有画地为牢，势不可入……”

西汉时，李陵战败投降匈奴，汉武帝十分生气。大臣中原来赞颂过李陵是士气旺盛的人，见此情况都反过来责骂李陵。唯独司马迁对李陵有不同看法，他爽直地向汉武帝陈述了自己的意见。他说，我和李陵素来没有什么交情，各走各的路，但我看他的为人，很讲交情，很讲义气，恭敬俭朴。他常常想奋不顾身以殉国家的急难，确有国士的风骨。现在李陵出了问题，大家都全盘否定他，我实在想不通。这次，李陵只带五千步兵，深入敌境，尽心杀敌，不顾个人生死。他与单于打仗十多天，杀敌之数超过了自己军队的人数，杀得匈奴“救死扶伤”都来不及，个个震惊恐怖。匈奴单于在这种情况下，动员全国军事力量，共同攻击李陵，在敌强我弱的不利处境下，李陵辗转战斗，拼死战斗，最后因弹尽粮绝归路被切断，士兵伤亡惨重，才被迫停止战斗。他的投降实在处于迫不得已，他不是真投降，而是想等待有利时机报答国家。司马迁最后还说，李陵的功劳也可能抵补他战败的罪过。武帝听完司马迁的话，十分恼怒，将司马迁关进了监狱。廷尉杜周为了迎合讨好皇帝，对司马迁施行了当时最残酷、最耻辱的“腐刑”。

司马迁因身体和精神受到如此严重的摧残，内心极为痛苦，很想一死了之。但他冷静一想，如果真的死去，在达官贵人的眼中，不过像“九牛亡一毛，与蚂蚁何以异?”（意思是：像九头牛失掉一根毛一样，与蚂蚁有什么不同呢?）那样死不但得不到同情，反而惹天下人耻笑。他认为“人固有一死，或重于泰山，或轻于鸿毛”，为什么要轻易了结自己的生命呢？至于人身受到侮辱，是完全在意料之中的事。他想到猛虎在深山里为王时，百兽见了都震惊害怕，一旦被关进槛圈坑阱之中，也只得向人摇尾乞食，“故士有画地为牢，势不可入……”（意思是：所以士子见到地上划了一个算是监牢的圈儿，都不肯跑进去），而今我已被关进了监牢，有什么办法呢？历史上的王侯将相，如文王、李斯、韩信、魏其都受过侮辱，何况我们这些人呢！于是他决心活下去，忍受奇耻大辱，效法文王、屈原、左丘、孙子等人，在自已的残生尚存之日从事著述。由于艰苦顽强地努力，他终于写成了《史记》这部伟大的著作。

后人用“画地为牢”比喻只许在规定的范围内活动，不得逾越。

宽猛相济

春秋时郑国的公孙侨，字子产，是当时一个有名的革新派政治家。他在郑国执政数十年，能深入打击奴隶主贵族的顽固守旧势力，表彰“忠俭”，反对“太侈”，改革田制和兵赋制度，公布刑法条文，限制特权，整肃政纪，使小小的郑国国力大为增强，国威也颇有提高。

据《左传》载，子产曾对子太叔说过：“惟有德者能以宽服民，其次莫如猛（有德者方能以宽大的政策使人民信服，若是没有那样的政治水平，当然就只会采取猛压了）”。又说，猛以压人是容易的，宽以服民却很难。子产死后，子太叔接替他治理国政。子太叔果然采取宽大政策，但是不懂得对什么人和什么情况该宽，且宽到什么程度，以致奴隶主顽固势力重新抬头，激起人民不满，纷纷起而反抗。子太叔没有办法，只得发兵镇压，杀了许多人，才稍稍制止了这种反抗行动。

当时鲁国的孔子是站在守旧派一边的，他听到这个消息，发表评论道：“善哉，政宽则民慢，慢则纠之以猛；猛则民残，残则施之以宽。宽以济猛，猛以济宽，政是以和。”孔子的意思是：政策宽大，人民就要轻慢，纠正轻慢就要改用严厉政策；严厉政策免不了要杀人，杀了许多人以后，可以再施行宽大。孔子所说的“宽猛相济”的法律主张，为后来各朝各代所沿袭。

坐地分赃

汉代刘向《说苑·杂言》载，齐景公问晏子曰："寡人自以坐地，二三子皆坐地，吾子独搴草而坐之，何也？"晏子对曰："婴闻之，惟丧与狱坐于地。今不敢以丧狱之事侍于君矣。"

齐景公问晏子（晏婴）说："我自己已经坐在地上，这几个人都坐在地上，唯独你却拔草来坐上面，这是为什么？"晏子回答道："我听说，只有办理丧事和犯了罪才坐地上。我不敢用办理丧事和犯罪的方式来侍奉君王。"

"坐地分赃"就是从这个故事中的"坐地"演变而来的。"坐地"原指席地而坐，后人把固定在某处瓜分赃物叫做"坐地分赃"。

盗亦有道

见《庄子》四卷《胠箧》："故跖之徒问于跖曰：'盗亦有道乎？'跖曰：'何适而无有道耶？夫妄意室中之藏，圣也；入先，勇也；出后，义也；知可否，智也；分均，仁也。五者不备而能成大盗者，天下未之有也。'"

跖是传说中春秋时代的大盗，名柳下跖，据说他是鲁国大夫柳下惠之胞弟。这是跖对"盗"的一段很风趣的论述。他对弟子们说，干什么能没原则呢？如做强盗，一要能判断室中有无宝藏，这是"圣"的表现；盗窃时，走在大伙前头，是"勇"的表现；盗窃完，大伙逃跑时，走在后边，这是"义"的表现；临场果断，可不可以行动，这是"智"的表现；分赃要均匀，这是"仁"的表现。若不具备这五项德行，想成为大盗，天下没有这等事。

后人有时用"盗亦有道"一语，比喻坏人也有一定的行为规范。

既往不咎

典出《论语·八佾》："哀公问社于宰我。宰我对曰：'夏后氏以松，殷人以柏，周人以栗，曰使民战栗。'子闻之，曰：'成事不说，遂事不谏，既往不咎。'"

春秋时期，鲁国的君主鲁哀公问孔子的弟子宰我，土地神的神主应该用什么树木制作。宰我回答说："夏朝人用松木，殷代用柏木，周代用栗木。栗木意思是使人民害怕得战战栗栗。"孔子听到宰我的回答，大为不满，他责备宰我说："已经做过的事不用再解释了，已经完成的事不要再规劝了，已经过去的事不用再追究了。"

另外在《旧唐书·李靖传》中有一处说道："既往不咎，旧事吾久忘之矣。"公元619年，唐高祖李渊派大将李靖到夔州进攻梁国。部队推进至硖州，被梁国部队阻击，无法继续前进。李渊以为李靖留恋硖州，不肯前进，于是下令将李靖斩首。都督许绍极力替李靖说情，方才免于一死。

后来，冉肇则出兵扰夔州，李靖带领八百士兵迅速攻占冉肇则营地，杀死冉肇则，俘虏五千人，取得很大胜利。李渊听到这个消息，非常高兴，他嘉奖李靖时说："过去的错误不再追究，那些旧事我早已忘记了。"以后李渊任命李靖为行军总管。公元621年，李靖率军从夔州顺流而下，围攻江陵，梁国萧铣投降。

成语"既往不咎"即由此而来，也称"不咎既往"，意思是以往做错的事不再追究。在法律上常用来比喻对过去所犯的过错，只要认真悔过，痛改前非，将不再追究责任。

大义灭亲

春秋时，卫桓公有个异母兄弟名叫州吁。他们的父亲卫庄公在世时，对州吁过分溺爱，养成了他骄横无理的习气。大夫石碏曾经劝过庄公，要好好教管子弟，他说："臣闻爱子，教之以义方，弗纳于邪。骄奢淫逸，所自邪也。"意思是说，爱护子弟，要有正确的教育方法，不能把他们引到邪路上去。骄、奢、淫、逸，惯了可就坏了，一个人走上邪路，都是从这四个字开始的。可是石碏的话没有引起庄公应有的重视。庄公死后，桓公继位，州吁时时准备谋害桓公，夺取君位。石碏的儿子石厚，也不是个好人，老给州吁出坏主意。

州吁终于找到一个机会，把卫桓公杀了。于是自立为国君，封石厚为上大夫，两人非常得意。可是一国的老百姓却不服他们，诸侯各国也对他们不满。恰巧，宋国国君殇公同公子冯也发生了争夺君位的事，公子冯逃到了郑国。州吁和石厚便派人告诉宋殇公说："你们如果讨伐郑国，我们愿意帮助。"他们是想借此机会打个胜仗，提高威信。宋国同意了，卫国就派兵帮助宋国攻打郑国。仗打完了，老百姓对他们仍然不服，诸侯也仍然瞧不起他们。鲁国的大夫众仲说："州吁一伙是谋杀国君、虐待百姓的乱党，他们众叛亲离，哪里能办国家大事！"

石厚对州吁说："我父亲一向为群众敬爱的，我们请教请教他吧。"州吁就叫石厚去找石碏。石碏说："这种大事，如果得到天子的支持，那就不管在国内国外，谁也不敢反对了。"所谓"天子"，即当时的周王，也就是诸侯的最高首领。要见到他，还想得到他的支持，可不容易。因此，石厚又问他父亲，有没有进见天子的门路。石碏说："现在陈桓公很得天子的宠信，你们只要请求他帮忙，就会有门路。"石厚回去把这些话对州吁一说，州吁不禁大喜，两人便带着礼物到陈国去了。

他们不知道，石碏已经写了一封信给陈桓公，信上写着："卫国褊小，老夫耄矣，无能为也。此二人者，实弑寡君，敢即图之！"（我们卫国是个小国，我的年纪也老了，不中用了。州吁、石厚这两个家伙，是杀害我国国君的罪人，无论如何请帮我们干掉他们!）因此，州吁和石厚一到陈国，就被逮捕。卫国接到通知，由右宰丑到陈国把州吁处死，一面立桓公的弟弟晋为国君，即卫宣公。

当时卫国的大臣们认为，石厚是石碏的儿子，应该从宽处理，杀了首恶州吁也就够了。可是石碏坚决不同意，他说，州吁干的许多坏事，都是由石厚主谋的，不惩办石厚是不公正的。于是石厚也被杀死了。

这段历史记载在《左传·隐公四年》中。《左传》的作者在这段记载的后面加了一句评论，称赞石碏这种大公无私的精神为“大义灭亲”——为了维护正义，保障国家和人民的利益，决不包庇亲族的罪行，这就叫做“大义灭亲”。

上述故事中，石碏对卫庄公说的“骄奢淫逸”四字，后来也成为成语，形容骄横奢侈、荒淫无度的糜烂生活（骄，骄横；奢，奢侈；淫，放纵；逸，安逸）。

众仲说州吁一伙“众叛亲离”，这四字后来也成为成语，形容众人反对，亲信背离，完全陷于孤立的境地。

三令五申

再三明令、多次申戒，叫做“三令五申”。其中，三、五并不是具体次数，而是形容反复好几次。这个成语后来被用作军法术语，意思是说，经过再三明令，多次申戒后一旦执行，便毫不留情。《史记·孙子吴起列传》介绍孙子的故事时，用到了“三令五申”。

孙子，指孙武，春秋时齐国人，是我国古代著名的军事家，《孙子兵法》就是他的著作。吴王阖闾当权时，孙武来到吴国。阖闾读了他的著作，很是钦佩，问道：“可以试试练兵的方法让我看看吗?”孙武说：“可以。”吴王又问：“你的练兵方法可以适用于妇女吗?”孙武说：“可以。”

于是阖闾挑出宫中美女一百八十人交给孙武。孙武把她们编成两队，派阖闾最宠爱的两个姬妾分任队长。每人都持着戟，站成了队。孙武先对她们说：

孙武为吴王阖闾训练女兵

“你们都知道心、左右手和背的位置吗?”她们都说“知道”。孙武说:“心在前,左手在左,右手在右,背在后。大家都明白吗?”她们都说“明白”。孙武部署已定,设下了执行军法用的斧钺之类,又三令五申地作了说明,然后发出鼓号。

那些女子却嘻嘻哈哈地笑起来,极不严肃。孙武说:“约束不明,申令不熟,这次应由将帅负责。”于是重新再三反复地作了说明(三令五申),然后发出鼓号。

女子们仍是嘻嘻哈哈,一阵哄笑。孙武说:“部署已经明确,解释也已透彻,这次仍旧不照办,那就是士兵不听指挥的问题了,队长应受军法处分!”

吴王阖闾正在台上观看操练,见要杀他的两个爱姬了,大吃一惊,急忙派人下来传话说:“我已经领教了将军练兵的高明了。没有这两个爱姬,我饭都吃不下,请不要杀她们!”孙武答道:“我既已受命为将,将在军,君命有所不受!”当即把两个队长一同斩首,另派了两名宫女分任队长。这时,再发鼓号,不论向左、向右、前进、后退、跪下、起立,全部服从命令,而且严肃认真,毫无嬉笑喧哗的声音了。

孙子便向阖闾报告道："兵已经练好了，请大王检阅。这两队士兵，尽可任意指挥，即使叫她们到水里火里去也不会抗命了。"阖闾苦笑道："行了，你休息休息吧，我不想检阅了。"孙武有些不满，说："您只欣赏我的理论，却不支持我实行！"阖闾到底还是拜他为将。

上行下效

春秋时，齐国的国君灵公有个怪僻的嗜好：喜欢看女子穿男装。他别出心裁地让宫中的妇女都穿上男服，装扮成男子模样。消息传开，齐国各地妇女都跟着学，纷纷穿起男装来，弄得不伦不类。

齐灵公知道了这种情况很生气，就派官吏四处禁止，但没能禁止得了。他又颁布法律规定："女子着男子服饰者，撕裂其衣服，割断其衣带。"但也无济于事，女穿男装的还是有增无减。齐灵公大伤脑筋，一筹莫展。

一天，齐国卿大夫晏婴去朝见齐灵公。齐灵公问他："我派了官吏去禁止女穿男装，又颁布了禁止女着男装的法令，可还是禁止不了，这是为什么呢？"晏婴说："您对外面下禁令，派官吏去禁止女穿男装，可是您在宫中却鼓励、纵容妇女们着男子服装，这就好比挂的是牛头，卖的是马肉，上行下效，南辕北辙，这样怎么能禁得了呢？如果您真要想禁止的话，就应该先从宫中开始禁起，这样才能奏效。"

齐灵公听了连声说道："对！对！言之有理！"便马上下令宫中妇女一律严禁再穿男装，从这以后，不到一个月，齐国妇女再也没有穿男装的了。

后人用上行下效这个成语，表示上面的人怎么做，下面的人就跟着怎么干。多指不好的事。

片言折狱

孔子有个年岁较大的学生（比孔子只小九岁），姓仲，名由，也叫季路，人们都叫他子路。他是春秋时鲁国卞邑（在今山东泗水县东）人，身强力壮，粗暴好斗。经过孔子的教育诱导，子路的性情逐渐有了改变，便以孔子为师。孔子出行，子路总是相随左右，为老师驾车、做侍卫。孔子说："自从有了子路，就没有人敢当面对我说一句无礼的话。"（"自我得由，恶言不闻于耳。"）不过，孔子也说："子路的勇，已超过了我的要求，没有更多的用处了。"（"由也好勇过我，无所取材。"）

子路虽然有点鲁莽，性情却是正直忠贞。他很孝顺他的母亲。他穿着破棉衣，坦然地同穿着狐皮袍子的阔佬站在一起，毫不觉得自己比他们低贱。最难得的是他的诚实，答应办到的事一定立即就办，绝不拖延，人们称颂"子路无宿诺"。

《论语·颜渊篇》还有孔子对子路的一句赞语。子曰："片言可以折狱者，其由也与?"（听了一面之词就可以判决的，恐怕只有仲由吧?）

"片言"是单方面的陈诉，"折狱"是判决案件。打官司、闹纠纷，至少有两方面，即所谓两造或双方，从来没有人能只根据一方的言词来作出正确的判决。孔子说，要有这种可能，那就只有这个人是子路。因为子路为人诚实，坦率公正，所以别人绝不欺骗他，向他说的一定都是真话。

古人形容明决善断就叫"片言折狱"，也叫"片言决狱"、"片言断狱"，或"片言可决"。

以身作则

春秋时期楚国成王在位时，令尹子文的亲戚犯了法，被廷理抓获。廷理知道犯人是令尹的亲戚之后便很快释放了他。子文听说，马上召见廷理，责备他说："之所以要设立你这个廷理的官职，就是为了维护国王的命令，国家的法律。真正负责的官员应该严于执法，不屈不挠。你现在不按法律办事，私自释放罪犯，是立身不正，居心不公。作为执法官吏，怎么能看我私人的情面而违背法律呢？我身居高官显位，作百姓的表率，我的亲戚犯法有据，我如果让廷理放纵他，就是把自己的私心公之于众。掌管一国的大权而谋取私利，怎么能教育百姓呢？"廷理听后很害怕，只好把子文的亲戚依法判决。成王知道后，以执法不公的罪名罢免了廷理，而对子文更加尊重。百姓们知道后齐声说道："有了这样公正无私的令尹，我们还有什么可担忧的呢？"

后世以"以身作则"的典故，比喻那些能够不计个人得失，用自己的行为做出表率的人。

不逞之徒

"不逞之徒"这个典故，较早地见于《左传·襄公十年》关于子驷的一段记载。

子驷，即郑国的公子骈。当时，郑国各贵族之间争权夺利的内部矛盾很尖锐，郑僖公就是被子驷杀死的。子驷杀信公，立了僖公的五岁之子嘉为国君（即简公），这样，他就操纵了郑国的国政。有不少贵族的公子联合反对子驷，准备发动政变。子驷知道了，便先下手杀了子狐、子熙、子侯、子丁等公子。子狐的两个儿子吓得逃往卫国，其余的反对派也就不敢轻举妄动了。

子驷对尉止也有很深的成见，因此，在晋国率领诸侯之师（诸侯各国的联军）攻伐郑国，郑国出兵抵御于牛首（今河南陈留县西南）的战役中，子驷故意减少尉止部队的兵车数量，尉止俘获的俘虏，子驷又不算数、不计功。

子驷在划定田边地界的时候，还占了司氏、堵氏、侯氏、子师氏等几家的一些地。于是，尉、司、堵、侯、子师“五族聚群不逞之人，因公子之徒以作乱”（五家贵族纠合了一批不得志的人，以公子们被害为由，发动了政变）。尉止、司臣、侯晋、堵女父、子师仆带领众人攻入宫中，杀了子驷，把郑简公劫走，局势极度紧张。后来子产和子娇发兵，杀了尉止和子师仆，侯晋、堵女父和司臣逃到国外去了，乱事才告平定。

成语“不逞之徒”，就是从上述记载中的“不逞之人”演变而来的。《后汉书·史弼传》就有“不逞之徒”的说法：史弼给汉桓帝（刘志）上了一个报告，说渤海王刘俚（汉桓帝之弟）有叛乱阴谋，“外聚剽轻不逞之徒，内荒酒乐，出入无常。……”

后来，人们称那些心怀不满而为非作歹、违法犯罪的不法分子为“不逞之徒”。

令行禁止

见《管子》一卷《立政·右九败》：“令则行，禁而止，宪之所及，俗之所被，如百体之从心，政之所期也。”唐代房玄龄注释说：“被，合也。谓俗与宪合。”又见《荀子》五卷《王制》：“贤不肖不杂，则英杰至；是非不乱，则国家治。若是，名声日闻，天下愿令行禁止，王者之事毕矣。”令，命令。禁，规禁。都作名词。

一例是管子论述“君令民行”问题的。他说，命令让走，就走；命令让停，就停。这是典章所规定，习俗所要求的。如身体都听从心的指挥，这是德政所期望达到的。

二例是荀子论国家治乱的。国君要区别贤者与劣者，不使二者混淆，这样英雄豪杰就会归附；国君还要明辨是非，这样国家才会太平。如果做到了这些，名声就与日俱增，天下百姓人人都愿遵从国君的法令，听从国君的调度，这样，国君的任务就完成了。

后以“令行禁止”一语，比喻一切行动听从指挥的意思。

欲加之罪 何患无辞

见《左传·僖公十年》：“将杀里克，公使谓之曰：‘微子，则不及此。’……对曰：‘不有废也，君何以兴？欲加之罪，其无辞乎？臣闻命矣。’”微，音义皆同“无”。

晋献公死后，大夫里克连连杀了新君公子奚齐与卓子，以及顾命大臣荀息，而迎回献公三子夷吾为君，即晋惠公（他是太子申生与公子重耳之弟）。但惠公即位后，却以“杀二君与一大夫”之罪责备里克。在将处死里克时，惠公派人假惺惺地对他说：没有您啊，国君没有今天，登不上国君的宝座！里克一听就火了，回答说：“何必虚伪呢？要杀就杀吧，想加罪于人，还怕找不到词儿吗？”里克说完后拔剑自刎。

后人据此引出“欲加之罪，何患无辞”一语，比喻想要整人，理由极多的意思。

欲盖弥彰

春秋时，鲁昭公三十一年的冬天，郑国（郑国是与鲁国接壤的一个小国，都城在今山东邹县东南）的大夫黑肱背离郑国投靠鲁国，他的封地滥（在今山东滕县东南）随之而并入鲁国的版图。

《春秋·昭公三十一年》中，记下了这段历史：“冬，黑肱以滥来奔。”

《春秋》的文笔，过去一般文人都认为它是最简练的，叙事和评论、贬责和褒扬，措词用句，都是很严谨而恰合分寸的。就以上面这段只有几个字的记载为例，其中也大有道理。《左传》阐述《春秋》的这段记载时说：黑肱并不是什么高贵的人物，按《春秋》的编写原则，本可不必记载他，更不必写出他的名字。但是因为国土有变动，那就是重大的事件，不能不记上一笔了（“贱而书名，重地故也。”）。《左传》的作者接着还发表议论道：“这样看来，一个以封地叛国的人，即使他不是大人物，也会因此而出名，而且会因此而使他的叛国罪名永远无法掩盖，是故君子动则礼，行则思义，不为利回，不为义疚，或求名而不得，或欲盖而名彰，惩不义也。”

“或求名而不得，或欲盖而名彰”——有的人要想得个美名而无法得到，有的人得了恶名要想掩盖也掩盖不了。

清代学者顾炎武对于上述《左传》的议论加以补充道：“或欲盖而名彰，如赵盾伪出奔，崔杼杀太史，将以盖弑君之恶，而其恶益著焉。”赵盾，是晋灵公的国相，因劝谏而使灵公要杀他，便躲避在都城外。后晋灵公被赵盾的堂兄弟赵穿所杀，赵盾立刻回都城，另立国君，继续为相。这一事，史官董狐记入史册时写道：“赵盾弑其君。”赵盾见了，大惊，向董狐解释自己并无“弑君之罪”。董狐说：“你身居相位，出走既没有走出国境，回来也没有惩办凶手，这弑君的罪名，你不负该谁负！”崔杼，齐国大夫，他谋杀了齐庄公，却叫负责记载历史的“太史”把齐庄公之死写成是病死的。“太史”不同意，因此被崔杼处死了。但是继任的史官仍然只记“崔杼弑君”的事实。崔杼一连杀了三个史官，他的弑君之罪不但隐瞒不了，反而事情愈闹愈大，罪行也愈加显著了。顾炎武举了赵盾和崔杼这两个杀害了国君而不承认有罪的人为例子，说他们要想“盖弑君之恶，而其恶益著。”这和上述的“欲盖而名彰”的意思是一样的。

后来一般都说作“欲盖弥彰”。弥，更加的意思；彰，显著的意思。欲盖弥彰用来形容不法之徒企图掩盖事实真相，结果反而更加暴露清楚了。

排难解纷

战国时，秦昭王发兵进攻赵国，把赵国国都邯郸（今属河北省）围住了。赵孝成王向魏国呼援，魏安釐王派将军晋鄙带兵援救，却不敢同秦军交战，在魏、赵交界的荡阴地方（今河南汤阴县）按兵不动。

魏王又派将军辛垣衍为使臣，从小路进入邯郸去见赵王，对赵王说："现在秦王称雄天下，谁都怕他三分。其实他倒也未必为了要占领邯郸，不过是希望各国拥戴他，让他称帝。赵国如果赶快派代表到秦国去，尊称秦王为帝，他一定高兴。那样，邯郸就可解围了。"

这时，鲁仲连正访问邯郸。这鲁仲连是齐国人，也叫鲁连，很有才识，却不愿意做官，只爱游历各国，替人排除纠纷，解决难题，而不取任何报酬。当他听说赵国将要尊秦为帝，向秦国屈服，立刻去见赵相平原君，并且说："我一向以为您是很贤能的，原来您这样糊涂。快带我去见辛垣衍。"

鲁仲连见了辛垣衍，列举历史事实，分析当前形势，严厉斥责他"尊秦为帝"的谬论，指出屈服的结果对赵国、魏国都有极大的祸害。辛垣衍听了，深受感动，当即表示坚决放弃"尊秦为帝"的妥协政策。秦军得了这个消息，不免吃了一惊，为了防止意外，立刻退兵五十里。这时魏国杀了晋鄙，带领魏军赶来援救，邯郸就解了围。

平原君对鲁仲连又钦佩又感激，准备封地给他，他不肯接受，送他千金为酬，他也不要。鲁仲连笑道："替人排难解纷而不取报酬，才算得可贵的高士，否则，便成商人了。"

这个故事见《战国策·赵策》。为人调停争执，调解纠纷，后来就叫做"排难解纷"，而调解纠纷的人，则被称为"鲁仲连"。

多行不义必自毙

典出《左传·隐公元年》。公曰:“多行不义,必自毙。子姑待之!”

春秋时期,郑国的君主郑庄公有个弟弟,名叫共叔段,深得母亲姜氏的喜欢。姜氏为他向庄公讨封京地,庄公答应了,于是共叔段就在京地修起都城,自已住在那里,人们称他为京城太叔。

共叔段与母亲姜氏合谋,想除掉庄公,自已来做君主。为了积聚力量,共叔段把京地的都城修筑得很大,并且招来许多人。郑国的大夫祭仲看到这种情况,便来见庄公,对他说:“依照先王的制度,大的都城不能超过国城的三分之一,中的都城不能超过国城的五分之一,小的都城不能超过国城的九分之一。因为都城超过三百方丈,便是国家的隐患。现在京城已经不合法度了,我认为这对你是很不利的。”

庄公很为难地说:“母亲姜氏要这样做,我怎么样呢?”

祭仲说道:“姜氏哪里会有满足的时候?不如趁早设法让她的贪念不能滋长蔓延。蔓草尚难除掉,何况是你所宠爱的弟弟呢?”

“他既然多做不义的事情,就一定会自取灭亡。你等着瞧吧!”庄公并没有听祭仲的话。

不久,共叔段把京地西边与北边的百姓都召过来归他管理。接着又将那里的土地收来,归为已有。大臣们看到这种形势,都劝庄公快些把共叔段除掉,不然就很危险了。可是庄公还是那句老话:“他的行为很不义,一定没有人与他亲近,地方越多越有失败的危险,将来他必定会吃苦头的。”

共叔段的胆子越来越大,他修好了城墙以后,又扩大了军队,制造了兵器,准备动手进攻郑国的都城。姜氏也秘密地帮他策划,作为内应,企图一举获胜。

但是共叔段与姜氏的计谋,庄公都看在眼里了。他得到了共叔段发动进攻的消息以后,便下令攻打京地,他派二百乘兵车包围了京城,京城内部的士兵也反叛过来,袭击共叔段。共叔段遭到惨败,只得逃之夭夭。

“多行不义必自毙”就是从这里得来的。“不义”，是违反正义的事情；“毙”，是死。意思是说，一个人坏事干多了，一定会自取灭亡，受到法律的制裁。

操刀伤锦

《左传·襄公三十一年》载有关于他的一段故事：郑国的大臣子皮（即罕虎，是当时贵族的领袖）要尹何去当他的封邑的长官。子产不同意，说：“尹何年纪太轻，恐怕不能胜任。”子皮说：“他忠厚老实，我很喜爱他，他不会违抗我的。让他去学习学习，慢慢就能胜任的。”

子产说：“这样不好。对于所喜爱的人，应当更要对他负责。现在您因为喜爱他，却叫他去做官，这等于把刀交给一个不会操刀的人，让他去任意乱割，这只会对他有害，而且，因此会有更多的人受害。”

子产接着又说：“打个比方吧。假如您现在有一匹美丽的锦缎，您一定不愿意交给一个不懂裁衣的人，叫他拿去学习剪裁。国家领土、主权，是我们身家性命安全的保障，怎能随便交给年轻不懂事的人去学习管理！难道一个城市、一个地区，还不如您的一匹美锦重要吗?”

子皮听了这番话，连连称赞子产的见识远大，从此更加信任他、支持他，让他把郑国治理好。

《北史·魏咸阳王禧传》说：“未能操刀而使割锦，非伤锦之尤，实授刀之责。”这是说：明知他不会使用剪刀，却偏叫他裁剪美锦，这不是剪坏美锦的人之过，实在是给他剪刀、让他乱剪的人之罪。北魏《温子升西河王谢太尉表》说：“常恐操辔轮，操刀伤锦。”意思是说：往往担心驾驭车子而翻倒了车，剪裁衣料而糟蹋了锦。意思都一样，都是说不要让不能胜任的人勉强任职。

古人比喻把官职交给才能不足的人，叫做“美锦学制”。让不能胜任重要职务的人去担任这个职务，结果坏了大事，就叫“操刀伤锦”。通过这个典故，我们可以清楚地看到，法家在治国理念上，强调的是从实际出发，讲求实效。

明察秋毫

齐桓公、晋文公曾在春秋时先后称霸，为“五霸”之首。战国时的齐宣王也想称霸，因此他向孟子请教。齐宣王对孟子说：“请您讲些关于齐桓公、晋文公的事迹给我听听好吗?”孟子答道：“对不起，我们孔夫子的门徒，不讲霸道，兴讲王道——用道德的力量来统一天下。”

齐宣王问道：“要有怎样的道德才能统一天下？像我这样的人能不能统一天下?”孟子说：“能！我听说，有一次新钟铸成，准备杀牛祭钟，您因为看见好好一条牛无罪而被杀，感到不忍……是不是有这么回事?”齐宣王说：“有的，是有这么回事。”

孟子说：“凭您这种好心，就可以行王道，施仁政，统一天下。问题不在于您能不能，而在于您干不干罢了！比方有人说‘吾力足以举百钧，而不足以举一羽（我的力气能举重百斤，但举不起一根羽毛）；明足以察秋毫之末，而不见舆薪（眼光能看清秋天鸟兽的毫毛那样细微的东西，而看不见满车的木柴）’。您相信这种话吗?”齐宣王说：“那当然不相信!”

孟子紧接着说：“是呀，不能相信！如今您的好心能用来对待动物，却不能用来爱护老百姓，这也同样难于叫人相信。看来，一根羽毛之所以举不起，是不肯举的缘故；一车木柴之所以看不见，是没有看的缘故；老百姓之所以得不到安居乐业，是您根本不去关心的缘故。显然，这都是干不干的问题，而不是能不能的问题。您问，您能不能行王道、统一天下，问题也是如此：是不为也，非不能也!”

这段话原载《孟子·公孙丑》篇，成语“明察秋毫”便是从这里产生的。“秋毫”一般解释为秋天鸟兽的毫毛。鸟兽的毛，秋天新生，极细微。也有人解释为秋天的细草，或禾穗上的细芒，总之是极细微的东西。明察秋毫形容目光敏锐，观察精确，任何隐情细节都能看得清楚透彻。这个成语为历朝司法官员所借鉴，并常在府衙悬挂“明察秋毫”的匾额，以标榜在司法审判中观察细致，明辨是非。

逾闲越检

见《论语·子张》："大德不逾闲。"闲，木栏之类的遮拦物，后引申为"规范"。

又见唐代房玄龄《晋书》九四卷《隐逸传·戴逵》："且儒家尚誉者，本以兴贤也。既失其本，则有色取之行，怀情丧真，以容貌相欺，其弊必至于末伪。道家去名者，欲以笃实也。苟失其本，又有越检之行，情理俱亏。则仰咏兼忘，其弊必至于本薄。"检，约束，检点。闲、检，在这里都是规矩法度的意思。

戴逵，字安道，晋代谯国（今安徽亳县）人。少博学，善谈，能文章，会鼓琴，长于绘画、雕刻技艺，是当时的名士，与王徽之友善。有一次，太宰、武陵王司马晞请他上门鼓琴，他一怒之下，把琴摔碎，说："我不是乐奴！"他性情高岸，常以礼度自处，以放达为非。为此还专门著论说：父亲生病，儿子去深山采药，一走好几个月，父亲死了，药还没采回来，这能说是孝子吗？君主危难，而臣子屡次出入国境，这能说是贤臣吗？儒家求名誉，本想使贤者发达起来……道家不要虚名，本想使人笃实起来，可是，事与愿违，儒、道两家都失去了根本，超越了规矩法度。到了东晋孝武帝时，朝廷征他为"国子祭酒"、"散骑常侍"，仍然不就。后人据此引出"逾闲越检"一语，用以比喻不守礼法，行为放纵的意思。

现在，"逾闲越检"也作"逾闲荡检"，这是后人在引用中的改动，"荡"是放荡的意思。

蹊田夺牛

春秋时，陈国大夫夏御叔的儿子夏徵舒杀害了国君陈灵公。楚庄王表示要伸张正义，出兵伐陈，攻破了它的都城宛丘（今河南淮阳县），把夏徵舒处死，随即并吞陈国，准备把它作为楚国的一个县。

这次楚庄王出兵伐陈，曾经得到诸侯国家的拥护。得胜以后，国内各县大夫也都纷纷致贺。楚庄王因此十分得意，认为自己干了一件正义的大事，并提高了威信。

这时，出使齐国的申叔时回来了，他向楚庄王汇报了出使的经过情况，然后什么也不说就转身走了。楚庄王很不高兴，责问他道："陈国的夏徵舒叛君作乱，是我主持公道，处以应得之罪，谁都赞扬我做得对，为什么你对于这件事偏偏如此冷淡？"申叔时说："我可以为自己辩白几句吗？"楚庄王勉强点了点头，申叔时便说了下面一段话：

"夏徵舒杀了他的国君，他的罪确实不小；出兵讨伐而处死他，您也确实做得不错。不过，假设有人说：只因牵着牛从人家田里走过了一趟，所以就该没收了他的牛——这样说对吗？牵着牛踩坏了人家的田，当然不对，但是因此而没收了他的牛，处罚也过重了。诸侯拥护您，是因为您讨伐有罪的人。现在您把陈国并吞为我国的一个县，这却是贪得了。用讨伐罪人的名义取得了诸侯的拥护，然后趁此侵占别国的土地，归自己所有，恐怕不怎么合适吧？"

申叔时的这段话，见《左传·宣公十一年》，原文是："夏徵舒弑其君，其罪大矣；讨而戮之，君之义也。抑人亦有言曰：牵牛以蹊人之田，而夺之牛——牵牛以蹊者，信有罪矣，而夺之牛，罚已重矣。诸侯之从也，曰讨有罪也。今县陈，贪其富也。以讨召诸侯，而以贪归之，无乃不可乎？"

楚庄王听了申叔时的话，觉得有理，便恢复了陈国，打消了并吞的意图。

"牵牛以蹊人之田，而夺之牛"这句话，后来就成为成语"蹊田夺牛"，比喻轻罪重罚，从中谋利。其中"蹊"是小径的意思，用作动词，取践踏之意。

千金之子　不死于市

典出《史记·货殖列传》。

战国时，陶朱公是亿万富翁，他的二儿子杀了人，在楚国被捕，判了死刑。陶朱公说："谚语说，千金之子，不死于市。"于是装了千两金子，派他的小儿子去营救。他的大儿子说："弟弟有罪，您不派我去营救，却派了小弟弟去，您是认为我没用，我还活着干什么？"便要自杀。陶朱公不得已，只好改派大儿子去，并叫他带一封信给他的好朋友庄生，嘱咐道："你到楚国，就去找庄生，把千两金子送给他，随他怎么办，千万别干预他行事。"

大儿子到了楚国，立即把钱和信交给了庄生。庄生说："你快走，绝不要停留在楚国，就是你弟弟放出来了，也不要问原因。"大儿子没听庄生的话，住在楚国一个贵人家听消息。

庄生是极受楚王尊敬的人。他去见楚王道："天上星星行踪有变，这是上天示警，对楚国不利啊！"楚王很迷信，大惊道："这怎么办？"庄生说："大王多做好事就可以挽回天意了！"楚王立即传令，准备大赦囚犯。那楚贵人知道后马上回来向陶朱公的长子道贺，说："楚王即将大赦，你弟弟马上就会获释了！"长子心想，既然弟弟马上会被放出来，那么白白送了千两金子给庄生太不合算。于是竟到庄生家把那千两金子要了回来。庄生大怒，于是向楚王说："您大赦是好事情，可是我听许多人说，陶朱公的儿子杀了人关在楚国，陶家派人贿赂您的大臣，您大赦是为了释放陶公子。"楚王大怒："我做好事和陶朱公有什么相干！"于是下令立即杀了陶朱公的次子，然后才颁发大赦令。

陶朱公的长子只好把弟弟的尸首带回家。陶朱公说："我知道你一定不能救回弟弟的。你从小和我一起吃苦，知道艰难，所以舍不得千两金子。我原来派小儿子去，是因为他生下来就过富日子，不知道钱来得不容易，所以他不会吝惜钱。这次去是花钱的事，他去比你去好。果然，你可惜钱却害了弟弟！"

后人用"千金之子，不死于市"这个典故，比喻富贵人家的子弟不会被判处死刑，因为钱可通神啊！

作法自毙

秦孝公死后，太子驷继位。太子的老师公子虔一伙告发商鞅想要造反，秦惠王派人去逮捕商鞅。商鞅逃到边境，打算住在客店里。店主人不知道他就是商鞅，说："商君有法令规定，留客人住宿，客人没有证件，客店主人要与客人同样处罚。"商鞅无限感慨地叹道："唉！真想不到制定法律的弊病竟到了这样的地步！"他就离开秦到魏国去。魏国人怨恨他欺骗公子卬打败魏国军队，不同意接受他。他想离开魏国到其他的国家去。魏国人说："商鞅，秦国的罪人。秦国十分强大，秦国的罪人逃到魏国，魏国不送回去，会得罪秦国。"于是，魏国把商鞅送回秦国。商鞅回到秦国，逃到自己的封地商邑，发动邑兵向北攻打郑城。秦惠王发兵攻打商鞅，在黾池杀死了商鞅。秦惠王把商鞅车裂示众，说："不要像商鞅那样造反！"于是，把商鞅整个家族全灭掉了。后人用"作法自毙"比喻自己制定的规定反而害了自己。

克己奉公

"克己奉公"一句是"克己"和"奉公"二语结合而成的。

"克己"是克制自己的意思。《论语·颜渊篇》载，颜渊有一次问他的老师孔子：人要怎样才算做到了"仁义"的"仁"字？孔子主张为人处事、施政治国，都要把"仁"字作为重要的道德标准。那次他对颜渊的回答却很简单，只有一句话："克己复礼为仁"。意思是说，能随时克制自己、约束自己，使处处合乎礼法，就可以算是"仁"了——这就是"克己"一词的来历。

至于"奉公"，是奉行公事的意思。《史记·廉颇蔺相如列传》介绍战国时代赵国的将军赵奢时，说了一段有关“奉公”的故事：

赵惠文王时，赵奢担任“田部吏”（经收田赋的官吏），办事公平而严格。大贵族赵胜（即著名的贵族公子平原君）家仗势不缴租税，赵奢依法处理，连续惩办了赵胜的九个管家。赵胜大怒，下令把赵奢逮捕，准备杀死他。赵奢说：“你身为赵国的公子，竟然纵容你的管家，不奉公，不守法。这样国家就会衰弱，就会引起别国的侵犯，甚至灭亡。那时，你哪里还能保得住什么富贵？以你现在这样的地位，如能带头奉公，遵守法令，做到上下公平，那么国家就会强盛起来，你也就会更加受人尊重了。”赵胜听了，觉得很有道理，并向赵王报告了这件事。赵王就命赵奢总管全国的租税，于是赵国府库充实，国家富强起来。后来，赵奢还被任命为将军，领兵大破秦兵。

“克已”和“奉公”合在一起成为一句成语，是很有意义的。“克已”，要求约束自已，不计较个人的利益，“奉公”，要求维护集体的利益；“克已”才能“奉公”，“奉公”必须“克已”。

“奉公”还常常和“守法”结合而为成语“奉公守法”。这句话在《说苑·至公篇》中作“奉公行法”，原文引春秋时楚国令尹虞邱子向楚庄王提出辞职，并推荐孙叔敖接任令尹时的一段话，其中有一句是：“臣闻奉公行法，可以得荣，能浅行薄，无望上位……”

惩恶劝善

见《左传》成公十四年：“《春秋》之称，微而显，志而晦；婉而成章，尽而不汙；惩恶而劝善。非圣人，谁能修之？”微，少。晦，幽深，深远。汙，即“纡”，读yū，曲折之意。

这段话是《左传》作者左丘明称颂孔子写作《春秋》的严谨作风的。孔子在这一年，就鲁国正卿叔孙侨如为成公赴齐国迎亲，记了两笔。一笔说：“秋，叔孙侨如如齐逆女。”二笔说：“九月，侨如以夫人姜氏至自齐。”左丘明就这两段内容相同的文字，作了一些比较说，在成公派正卿叔孙侨如到齐国迎亲时，既写了姓氏“叔孙”，又写了名字“侨如”；过了两月，迎回夫人时，便只写了名字“侨如”而没有写姓氏。这是为啥呢？因为派出去时，尊重“君命”，所以要写全称；而回来时，以夫人为主，故对迎接者，只写了名字。左丘明由此生发开去说，别看《春秋》言辞不多，而意义却十分显豁，记述简略而含义深远啊！婉转成章，尽其事实，而有无所纡曲。《春秋》的笔法，是惩恶而劝善的，不是圣人，谁能写出这样精微高明的文章啊！

后用“惩恶劝善”一语，比喻贬斥恶行，褒奖善行的行为。

黑白颠倒

最早出现于战国时代诗人屈原的《九章·怀沙》中。屈原诗中有这样几句：“变白以为黑兮，倒上以为下；凤凰在笯兮，鸡鹜翔舞。”大意是：白的变成了黑的，上面颠倒为下面；凤凰被关在鸟笼里，反而想叫鸡鸭飞向高空。这是屈原对楚国朝政昏暗、不辨忠奸的悲愤和感慨。

晋朝傅咸的《青蝇赋》，把青蝇比作卑鄙无耻的人。文中也有类似的说法：“既反白而为黑，恒怀蛆以自盈。”

所谓“反白为黑”或“变白为黑”、“倒上为下”，就是成语“黑白颠倒”或“颠倒黑白”的初期句式，形容故意歪曲事实，混淆是非，与“混淆黑白”的意思相同，也与“颠倒是非”的意思相仿。相反，如果是非明确，毫不含糊，就叫做“黑白分明”，如《春秋繁露》云：“黑白分明，然后民知所去就”。

贪得无厌

典出《史记·赵世家》：“襄子立四年，知伯与赵、韩、魏尽分其范、中行故地……知伯益骄，请地韩、魏，韩、魏与之；请地赵，赵不与，以其围郑之辱。知伯怒，遂率韩、魏攻赵。赵襄子惧，乃奔保晋阳。……三国攻晋阳，岁余……襄子惧，乃夜使相张孟同私于韩、魏。韩、魏与合谋，以三月丙戌，三国反灭知氏，共分其地。”

知伯是战国时代野心勃勃的人，不断想扩展自己的土地。有一次，他联合赵、韩、魏三国的兵，去攻打中行氏，把中行氏灭掉，侵占了中行氏的领土。他休息了几年，又派人去向韩国要求割地，韩国怕他，给了他一块有一万户人家的地方。知伯很欢喜，又派人去向魏国要求割地，魏国本想不给，但怕他起兵攻打，只好也和韩国一样，给了他一块土地。知伯更欢喜了，又派人到赵国去，要求割让蔡和皋狼的地方。赵襄王不给他，知伯暗中勾结韩、魏两国去征伐赵国。赵襄王采纳了张孟谈的计策，迁到晋阳去住，准备充足的粮食和兵器去抵抗知伯。知伯把晋阳围攻了三年，始终没有办法攻打下来。这时赵襄王的粮食差不多要用完了，着急起来。赵国这时叫张孟谈去游说韩、魏两国，建议他们联合赵国倒戈攻打知伯，韩、魏答应了。赵国乘夜出兵，韩、魏两国也响应，结果把知伯击败，杀死了知伯，最后弄得身死地分。那时的人都讥笑知伯“贪得无厌”，应遭此报应。

后人用“贪得无厌”指贪求权势、财利的愿望永远没有满足的时候。

明目张胆

“明目张胆”这个成语，在《史记·张耳陈馀列传》中作“瞋目张胆”。张耳、陈馀，同是秦末魏人，两人原是好朋友。陈胜起义反秦时，他们曾一同加入陈胜的起义军，帮助陈胜的部将武臣打过胜仗。后来，两人意见不合，张耳降汉，陈馀被汉将韩信战败杀死。《史记》记载他们两人当初去见陈胜时，对陈胜说的一段话道：“秦为无道，破人国家，破人社稷，绝人后世，罢（疲）百姓之力，尽百姓之财；将军瞋目张胆，出万死不顾一生之计，为天下除残（害）也……”

“瞋目”，是睁大眼睛，“张胆”，是放大胆子的意思。张耳、陈馀同声称赞陈胜，说他“瞋目张胆”，勇敢地公开反对秦朝的苛政。

《唐书·韦思谦传》正式出现了“明目张胆”的说法。韦思谦是唐高宗时的监察御史，据载“为人刚正，直言无忌”。他说：身为监察官，如果害怕得罪权贵，不敢揭发黑暗，那就是没有尽责。当他发现“中书令”（等于宰相）褚遂良有贱价强买人家田地的不法行为时，不管他官高势大，立即上书弹劾。因为证据确凿，朝廷不便公开庇护大臣，只得将褚遂良调出京城，降职为同州刺史。过了些时，褚遂良又被调回，恢复了宰相的官职。褚遂良便对韦思谦借故报复，把他贬出外省，去当一名县官。有人暗抱不平，前去慰问他，他慷慨激昂地说：“我是一个正直的人，遇见不合理的事情，当然不肯放过，哪里有工夫考虑个人得失？大丈夫必须明目张胆，报效国家，岂能庸庸碌碌，只图保住自己和一家大小的安全呢！”

《宋史·刘安世传》载，刘安世是宋哲宗时的谏议大夫。他同上述的韦思谦相仿，也是个敢于直说的人。他初任谏官的时候，就立下志愿：“须明目张胆，以身任责”。《宋史》说他后来在职期间，果然清正不阿，铁面无私，屡次直谏皇帝，弹劾大臣，朝中文武百官，一时都很敬畏他，称他为“殿上虎”。

从以上三段故事来看，“明目张胆”这个成语的意思很清楚，就是眼明胆大，不畏强权，敢说敢干，并敢于同恶势力公开斗争。不过，现在我们引用这句成语的时候，都是将它用作反面的意思，把坏人毫无顾忌地公开作恶叫做“明目张胆”。

罚不当罪

典出《荀子·正论》：“夫德不称位，能不称官，赏不当功，罚不当罪。不祥莫大焉。”

《正论》是战国末期思想家荀况批驳当时社会上流行的种种论调的文章。在文章中，荀况批判了孟轲的“仁政”思想，驳斥了“教化万能”和“治古无肉刑”的谬论，认为“治则刑重，乱则刑轻”。荀况指出：世俗（指社会上一般习俗）者们说，古代安定的时代，废除了肉刑，只用象征性的刑罚。难道安定的时代就应该是这样的吗？不，如果人们本来就没有犯罪，不但不用肉刑，而且象征性的刑罚也可以不用。如果人们犯了罪，却用了很轻的刑来处罚，就会使杀人的不偿命，伤人的不受刑。用刑罚处治犯人的目的，就在于禁止暴行，反对作恶，并且警戒以后发生类似的罪行。杀人的人不被处死，伤人的不被判刑，这叫纵容暴行。如果宽容犯罪的人，就无法反对作恶了。所以象征性地用刑，并不产生于古代安定的时代，而是产生于当今混乱的时代。赏罚的事情有一件处理得不恰当，就会引起混乱。如果品德和地位不相称，才能和官职不相称，奖赏和功劳不相称，刑罚和罪行不相称，这就是最大的不吉祥。

后人将“罚不当罪”引为成语，原指处罚和所犯的罪行不相称，后用这个典故比喻处罚过重。

秦镜高悬

传说秦朝的咸阳宫中有一面方镜，说起来真是神奇之至。这面方镜宽四尺、高五尺九寸，正反两面都十分明亮。人直立对镜，镜内的人影却是倒立的；如果抚摩着胸口来照，可以清楚地照见五脏，体内有病的人，可以照出病在什么地方。如果谁有坏心歹意，也能在一照之下看得很清楚。据说秦始皇就常常利用这面镜子来考察宫中嫔妃、侍卫等人是否忠贞，倘若发现心胆慌张乱跳的人，就立即逮捕审讯，加罪惩处。

这个传说，载于汉朝刘歆编著的《西京杂记》。当然，这个传说绝不会是事实。刘歆似乎预料到读者要追问他这面神奇的镜子现在在哪里，所以他说：“可惜这宝贝流失了。当刘邦和项羽先后攻入咸阳的时候，刘邦把咸阳宫的珍宝，全部封存了起来，可是项羽领兵来到，把珍宝从刘邦手中夺走了不少。这面神奇的镜子，就在那时候不知弄到哪里去了。”

由于这一传说，就产生了“秦镜”这个成语。对善于明察是非、判案公正无私的法官，人们就赞誉为“秦镜”，例如“秦镜高悬”。后来，这个成语也说成“明镜高悬”。

萧规曹随

典出《史记·曹相国世家》：“参代何为汉相国，举事无所变更，一遵萧何约束……百姓歌之曰：‘萧何为法，顜若画一；曹参代之，守而勿失。载其清静，民以宁一。’”

刘邦起兵推翻秦朝统治的时候，部下有两个谋士，一个叫萧何，另一个叫曹参，都是他的沛县同乡。后来刘邦打进了秦朝的都城咸阳，手下许多将士都忙着争夺美女和金玉绸缎，只有萧何跑到相国府中，搜集了法令规章和图籍，当作宝贝一样地收藏了起来。刘邦做了皇帝，称汉高祖，封萧何做开国丞相。这时，萧何因为搜集有秦朝的文献，对于天下的地形、民情、风俗、户口等等，已经非常熟悉，于是亲手制定了汉朝的法规、典章和制度。萧何和曹参本来很要好，后来因故彼此有了意见，来往比较疏远，但萧何在临死的时候，还是向刘邦推荐曹参做丞相。曹参继任丞相以后，对于萧何制定的规章制度，一概没有改动，完全照常执行。后来杨雄在他所著的《法言》一书中，曾说过这样的一句话：“萧也规，曹也随。”概括了萧何制定法规在前，曹参完全参照执行在后的故事。

因此，后人凡见有人在工作中或其他事情上，按照前人所订的规章或办法办事而不加以改动，就根据这个故事说他是“萧规曹随”。

草菅人命

“草菅人命”这句成语，由汉初学者贾谊的“其视杀人，若刈草菅然”演化而来，后世用来形容统治者及其执法者滥施刑罚，随便残杀人命。

贾谊，洛阳人，汉文帝时的一个著名文人。因年少有才，称为贾生，去世时只三十三岁。汉文帝曾聘他为“博士”，还担任过太中大夫的官职。因为遭人忌毁，贾谊被调往长沙，当长沙王的太傅（老师）。所以人们还称他为贾长沙或贾太傅。后来，汉文帝想起贾谊毕竟是个有才学的人，便召他回京，任命他为梁怀王的太傅。梁怀王，即汉文帝的小儿子刘揖。汉文帝特别宠爱这个小儿子，要让他多读些书，准备将来把帝位传给他，所以请贾谊来教导他。可是贾谊认为：“教导皇子，不仅要教他读书，而且更重要的是要教他做人。假如像秦末的赵高那样教秦二世胡亥，所教的是严刑酷狱，所学的不是砍头割鼻子，便是抄斩三族，结果，胡亥一继任皇帝就乱杀人，把杀人的事当作割茅草一样，不算一回事。这难道完全因为胡亥天生就是个恶魔吗？不，教导他的人没有教导他走上正道，是一个很大的原因。”据《汉书·贾谊传》载，贾谊这番话原文是：

> “……使赵高傅胡亥而教之狱，所习者非斩劓人，则夷人之三族也。故胡亥今日即位而明日射人……其视杀人，若刈草菅然。岂惟胡亥之性恶哉？彼其所以导之者非其理故也。”

菅，是一种茅草，看待杀人象看待割茅草一样，如此轻视人命，就叫做“草菅人命”。

另外，有“草芥”一语和“草菅”相类，也是形容轻贱。芥，古人认为是极贱的蔬类，而且结的籽（芥子）又很小，所以把贱而小的、不足珍贵的人和东西比作“草芥”。旧时的封建统治阶级轻视人民，把“草芥小民”作为老百姓的别名。《孟子·离娄》说：“视天下悦而归己，犹草芥也，惟舜为然（天下的人民都悦服地归附我，拥护我为王，可是自己却把为王的事看作象草芥似的轻微——这只有古代的圣王舜能做到）。”这是孟子称赞舜不以天下归己为荣，而以为那不过是“草芥”。晋夏侯湛的《东方朔画赞》说：“戏万乘若僚友，视俦列如草芥（敢同拥有万乘兵车的天子开玩笑，如同对待同僚友辈一样；至于那般王公大臣，更不在他眼里）。”这是称赞以滑稽讽谏闻名的汉代名士东方朔不畏权贵，而把他们视若“草芥”。

“草菅”和“草芥”，意义虽然近似，运用时却有习惯上的区别，譬如“草菅人命”不能说成“草芥人命”。

罪不容诛

见汉代班固《汉书》九二卷《游侠传》序：“况于郭解之伦，以匹夫之细，窃杀生之权，其罪已不容于诛矣。观其温良泛爱，振穷周急，谦退不伐，亦皆有绝异之姿。惜乎，不入于道德，苟放纵于末流，杀身亡宗，非不幸也。”

郭解，字翁伯，汉代河内（今河南济源县）人，是当时有名的大侠。他为朋友申冤、报仇、铸钱、掘坟，无所不为。这是班固在《游侠传》开头写的一段概述。他说，且以郭解而论，他本是个细民百姓，但居然手握杀人大权，这罪已不容于仅仅诛杀他一个人了。但从他交友温良信厚、乐于周济穷困、扶持正义的行为来看，也是很令人敬佩的。接着说，这些人的本质都不错，只是没有接受诗、书、礼、易的熏陶，以致失足成为罪人。郭解后来被“御史大夫”公孙弘奏请汉武帝刘彻下令将其“灭族”，即把郭解的一族人都杀了。

后以“罪不容诛”一语，比喻罪大恶极，虽处死刑也难偿罪的意思。

公而忘私

典出《汉书·贾谊传》：“故化成俗定，则为人臣者主而忘身，国而忘家，公而忘私，利不苟就，害不苟去，唯义所在。”

在我国周朝一系列统治术中，最突出的是“礼”和“刑”。“礼”只适用于奴隶主阶级，“刑”则专门来镇压奴隶大众。所以《礼记·曲礼》中有“礼不下庶人，刑不上大夫”的说法。

西汉文帝初年，政治家贾谊对当时大臣获罪受刑的做法表示反对。他认为，体罚大臣不合古代“刑不上大夫”的规定，要求对有罪的大臣待之以礼，不上刑罚，令其自裁。贾谊对汉文帝说：这样做了，大臣们就能做到为国忘家，为公忘私，见利不随便谋取，见害不苟且逃避，而忠心耿耿地以节义上报君王的礼遇之恩。贾谊的建议被汉文帝采纳。

“公而忘私”意思是为了公事而忘了私事。现在人们多用这个典故形容不计个人得失而一心为公的品格。

严刑峻法

见汉代崔实《政论》一文：“故严刑峻法，破奸宄之胆。”奸，内奸；宄，读guǐ，外盗。崔实，字子真，一说名“台”，字元始。东汉安平（今山东益都西北）人。性格恬静，爱好典籍。汉桓帝刘志时，举“至孝独行”科，担任了郎官，后又升任议郎、东观殿著作郎。后出任五原太守，他教习边民耕作纺织，操练武术，加强防守，匈奴不敢入侵，边境安宁，后回朝升任了尚书。他将谈论朝政的奏疏数十篇编成一书，名叫《政论》。引文说，严厉的刑法可以吓破奸贼大盗的心胆。后以“严刑峻法”一词，比喻刑法严酷。

改过自新

见汉代司马迁《史记》一〇卷《孝文本纪》：“十三年……五月，齐太仓令淳于公有罪当刑，诏狱逮，徙系长安。太仓公无男，有女五人。太仓公将行会逮，骂其女曰：‘生子不生男，有缓急，非有益也。’其少女缇萦，自伤泣，乃随其父至长安。上书曰：‘妾父为吏，齐中皆称其廉平，今坐法，当刑，妾伤。夫死者不可复生，刑者不可复属。虽复欲改过自新，其道无由也。妾愿没入为宫婢，赎父刑罪，使得自新。’书奏天子，天子怜悲其意。乃下诏曰：‘盖闻有虞帝之时，画衣冠异章服以为戮，而民不犯，何则？至治也。今法有肉刑三，而奸不止，其咎安在？非乃朕德薄而教不明欤？吾甚自愧。故夫驯道不纯，而愚民陷焉。诗曰：恺悌君子，民之父母。今人有过，教未施而刑加焉，或欲改行为善而道无由也，朕甚怜之。夫刑，至判肢体，刻肌肤，终身不息，何其痛楚而不德也？岂称为民父母之意哉？其除肉刑。'"

汉代淳于意，在文帝时任“齐太仓令”，所以称“太仓公”。因犯了失职罪，要受刑。他有五个女儿，没有儿子。他在押送京城时，感叹地说：“没儿子，要这么多闺女有何用?”小女儿听了，跟上父亲到了长安。她向汉文帝上了一道奏书说：“我父亲管理官仓，人们都说他廉洁公道。可这一次失职，要处他肉刑，做女儿的心里十分伤痛。即使他想改过，重新努力工作，也成了残废。我愿意入宫为奴婢，以赎父亲的过错，给他一个改过自新的机会。”文帝看了这道奏书，很是感动。于是下了一道诏令，从此，废除割鼻、断足等肉刑。这个故事十分感人，所以，司马迁把它写在文帝的本纪中。后用“改过自新”一语，比喻改正错误，重新做人的意思。

因事制宜

见汉代班固《汉书》七三卷《韦贤传·玄成》：“朕闻明王之御世也，遭时为法，因事制宜。往者，天下初定，远方未宾，以尝所亲，以立宗庙，盖建威、销萌、一民之至权也。今赖天地之灵，宗庙之福，四方同轨，蛮貉贡职。久遵而不定，令疏远卑贱共承尊祀，殆非皇天祖宗之意。朕甚惧焉。”

当时，首都长安和各郡国，不仅设有刘邦、刘恒、刘启、刘彻的庙宇，而且还设有后妃、太子、太子妃的庙宇，共计三十余所寝庙。一岁供祭品无数，守陵卫士四万五千余人，祝宰、乐工一万二千多人，财政负担太重。于是，大臣们建议削庙。永光四年，元帝下诏请大臣们议论。前引文字就是诏书中的几句话，意思是说：贤明君主治理国家，遭遇时世，具体立法；根据事物，具体对待。汉代初年，天下刚刚平定，远邦尚未臣服，所以，立了先祖们的寝庙，为的是安定民心，统一藩邦。现在四海升平，国家安定，边远少数民族也来朝贡，庙宇就应该大大削减了。诏书下后，丞相韦玄成等极表赞成。于是，罢了后妃庙、郡国庙，仅祀高祖、孝文、孝武等数庙。

这是一项十分有远见的措施，所以，班固大书特书了一番。后用“因事制宜”一语，说明已有的法律如果因为事物的发展不适用时，立法者要制定适当的法律来予以修订。

不寒而栗

“不寒而栗”的“栗”也作“慄”，战栗、发抖的意思。人受不住寒冷或感到极大的恐惧，往往引起战栗。不是由于寒冷而战栗，就是说由于恐惧而战栗。“不寒而栗”用来形容恐惧之甚，见于《史记·酷吏列传》关于义纵的一段记载。

义纵，是汉武帝时的一个残酷的官吏，所以《史记》介绍他的传记时，将之列入酷吏一类。此人本是盗贼出身，他的姐姐义姁是个医生，因为给皇太后看病获得了太后的欢宠，义纵因此也做起官来。他先做上党郡某一小县的县令，后来升为长安令，又升为河南都尉，再升为南阳太守和定襄太守，真可谓官运亨通，一帆风顺。他为何往上爬得这样快呢？据说除了他有姐姐做靠山外，当时朝廷也果真看中了他的“酷才”，夸他敢作敢为，执法严厉（其实是疯狂镇压，肆意残杀）。他不但公开镇压老百姓，同时还用阴谋诡计替朝廷铲除地方上的个别土皇帝，所以不但老百姓害怕他，一些豪绅贵戚也不免对他怀有几分畏惧。

据《史记》载，义纵做上党郡某县令时，“治敢行，少蕴藉”；做长安令时，“直法行治，不避贵戚”；做河内都尉时，“族灭其豪穰氏之属”；升任南阳太守时，还发生过杀害宁成全家的事。宁成也属于“酷吏”一类，当时人们形容他做官的一贯作风是“如狼牧羊”（好比一群羊交给狼去管）。当时宁成在任关都尉，掌握关口大权，横行无忌，当地吏民和过往客商，甚至出关进关的官员，都不敢得罪他。义纵赴南阳上任之前，打听到宁成家在南阳，就准备从此人下手，来个下马威。义纵打关上经过的时候，宁成率领全体人员，列队迎送，义纵理也不理他，到了南阳，就借故抄了宁成的家，并立即逮捕了他，连他全家统统杀掉。当地百姓，非常惊骇。有孔、暴两族，还因此吓得逃亡他乡。

接着，义纵因镇压定襄起义人民有“功”，又被调升为定襄太守。他一到定襄，就逮捕了二百多人，这些人的家属朋友，到监狱去探望的，约有二百多人，也被一并逮捕，硬说他们企图为死罪解脱，判令全部处死，于是一下子杀了四百多人。《史记》记载：“是日皆报杀四百余人，郡中不寒而栗。”《汉书·义纵传》也有同样记载。“不寒而栗”这个典故就是从上述记载而来，比喻当时刑罚残酷，令人恐惧。

死有余辜

典出《汉书·路温舒传》：“夫人情安则乐生，痛则思死。棰楚之下，何求而不得？故囚人不胜痛，则饰辞以视之；吏治者利其然，则指道以明之；上奏畏却，则锻炼而周内之。盖奏当之成，虽咎繇听之，犹以为死有余辜。”

汉代有一个人叫路温舒（字长君），少年时代，父亲叫他放羊。他边放羊边学习，懂得许多知识。后来，他当上了狱吏，懂得法律，县里出现了法律方面的疑难问题时，人们都去请教他。有一次，郡里的太守见了他，对他颇为器重。他当了郡吏，继而又到朝廷任职。汉昭帝死后，汉宣帝继位。宣帝登上皇帝宝座不久，路温舒就向宣帝上书，主张提倡教化，减少刑罚。他认为，宣帝初登帝位，这正是天赐良机，应当抓住这个历史的机遇，认真吸取秦朝灭亡的教训，减轻刑罚，免除民间疾苦，以使汉朝的天下繁荣昌盛。他分析说，秦朝太滥用刑罚，造成好人受气，言路堵塞，坏人猖獗，歪风盛行，其结果导致了秦王朝的灭亡。而今天下承蒙皇上恩泽，没有战争之乱、饥寒之患，父子夫妻努力耕作。但是，并不能说已达到天下太平了。什么原因呢？就是因为太滥用刑罚了。那些残酷的狱吏为了保住自己的乌纱帽，胡判乱断，置人于死地而后快。杀人的鲜血流遍了大街小巷，等着被杀头的人比肩而立，每年有数万起杀人事件发生，使皇上的恩德之光大受损伤。之所以未达到天下太平，其原因就在这里。

路温舒又写道：“人之常情是，平安就喜欢活着，痛苦就想死去。在棒打的痛楚之下，从‘犯人’口里什么得不到呢？那些‘犯人’经不起痛楚的折磨，就说一堆瞎话给狱吏听。狱吏本来就想得到这种效果，就趁机加以点拨、诱供。狱吏在上报案情的时候，担心上级不批准，就把案情编造得天衣无缝，想方设法把它纳于法律规定的条文之内。他们上奏说该判什么罪，总是说得头头是道，证据确凿，即使是舜时掌管刑法的大臣咎繇听了，也认为该犯真是罪大恶极，即使一死也不足以抵罪。”

“死有余辜”就是从这里来的。它的意思是说，罪大恶极，虽然处死也不足以抵偿他的全部罪恶。后来人们用它形容某人罪恶深重，民愤极大。

朝令暮改

朝令暮改，亦作“朝令夕改”或“朝令夕更”，形容法令时常更改使人无所适从。语出《汉书·食货志上》：“急政暴赋，赋敛不时，朝令而暮改。”但清人王念孙在《读书杂志·汉书四》中认为：“改，本作得”，并征引《汉记》作证。王念孙取当时交通通讯之情而断，古时虽政令急迫，早令而晚时才下达至执行人手。王的推断似更在情理之中。但是后来人们常用“朝令夕改”来比喻政令不能持久，刚制定的法令很快就被更改。

以身试法

汉代班固《汉书》七六卷《王尊传》载：“太守以今日至府，愿诸君卿勉力，正身以率下，故行贪鄙能变更者与为治，明慎所职，毋以身试法。”王尊，字子赣，汉代高阳（今河北高阳）人，少好学问，有胆有识。在元帝刘奭时，出任益州刺史，越秦岭，过九折坂。人言，王阳来任刺史，畏道途艰险，至此返东。王尊听了后说，王阳为孝子，怕损父母之体；王尊愿为忠臣，当为国捐躯，急驱而过。他治理益州，很有政绩，吏民服其威信。在汉成帝刘骜时，王尊担任了京兆尹，京城地区社会日趋安定。有人诬其不尊法度，从而被罢官，但吏民多称其贤，上书皇帝为他辩护。成帝于是任他为徐州刺史、东郡太守。他在到达东郡太守衙门时，对属吏说了一段话。他说，我今天到任，愿各位努力办事，以正直的行为率领部下，对所担任的职务，既要明确，又要谨慎，以免发生过错，拿上自己的身体去试验法律，即不要犯法。后遇上河堤决口，王尊率军民填堵河堤，日夜不息，自祀水神，手执圭壁，跳于水中，愿以身土填堤。在他的带领下，军民同心协力，终于战胜了洪水。后因劳累过度，王尊死于任所，一郡吏民皆哭。

后用“以身试法”一词来比喻知法犯法。

格杀勿论

典出《后汉书·董宣传》：“叱奴下车，因格杀之。”

东汉初年，洛阳令董宣刚直不阿，不畏权贵。有一次，汉光武帝刘秀的姐姐湖阳公主的家奴杀了人，但依仗湖阳公主的势力一直逍遥法外。董宣决定依法惩处这个家奴。一天，这个家奴跟随湖阳公主外出，董宣知道后，立即带人前去捉拿。赶到公主的车驾旁边，董宣上前勒住马的缰绳，指出公主窝藏杀人罪犯是不对的，同时大声斥骂那个杀人凶手，并让衙役把他拉下车来，当场处死了。

“格杀”即打死，“格杀勿论”旧指在捉人的时候，由于被捕者抗拒而引起搏斗，捕人者打死了抗拒者可以不按杀人论罪，也指把行凶或违反禁令的人当场打死，而不以杀人论罪。

梁上君子

《后汉书·陈寔传》载：东汉陈寔遭免官后回到乡下，时岁荒民俭，有天晚上陈寔发现有个小偷躲在房梁上，便故意把儿孙们都叫过来，严肃地训导说："做坏事的人未必本性就坏，都是由于习惯成性所致。梁上的这位君子就是这样！"小偷吓得赶紧从梁上跳下来磕头求饶。陈寔不仅没有怪罪他，反而送给他两匹丝绢让他回家好好过日子。

后世往往用"梁上君子"来作窃贼的代称。

丁兰刻木

晋时孙盛所著《逸人传》载："丁兰者，河内人也。少丧考妣，不及供养，乃刻木为人，仿佛亲形，事之若生，朝夕定省。其后邻人张叔妻从兰妻有所借，兰妻跪报木人，木人不悦，不以借之。叔醉疾来谇骂木人，以杖敲其头。兰还，见木人色不怿，乃问其妻。妻具以告之。即奋剑杀张叔。吏捕兰，兰辞木人去，木人见兰，为之垂泪。郡县嘉其至孝，通于神明。图其形象于云台也。"

这里是说，晋代有个河南河内县人叫丁兰，父母过世较早，他为未曾供养过父母而十分遗憾，就用木头仿照父母的样子刻了两个木人，把这两个木人当做仍在世的父母来供养。有一次丁兰外出，其邻居张叔的妻子向丁兰的妻子借木人，丁兰的妻子向木人说了，木人面色不悦，所以丁兰的妻子没有将木人借给邻人。张叔对此很不高兴，在喝醉酒后不但谇骂木人，还以杖敲击木人的头。丁兰归家后发现木人面色很难看，就问妻子是怎么回事，妻子将发生的事告诉了丁兰。丁兰一怒之下用剑杀死了张叔。官吏来抓丁兰治罪，丁兰向木人辞行，木人为之落泪。郡县的官吏在审理此案时，认为丁兰的孝行感动了神明，如果再治丁兰于死罪就会触犯神明，于是将丁兰的画像在云台予以斩首。

不平则鸣

韩愈在《送孟东野序》中写道："大凡物不得其平则鸣。草木之无声，风挠之鸣；水之无声，风荡之鸣。其跃也，或激之；其趋也，或梗之；其沸也，或炙之。金石之无声，或击之鸣。人之于言也亦然，有不得已者而后言，其歌也有思，其哭也有怀。凡出口而为声者，其皆有弗平者乎！"

韩文其意为：一般说来，事物如果得不到自身的平和，就会发出声音。野草、树木本来是没有声响的，倘若有风吹动它们，它们就会发出声音。流水是无声的，倘若有风的激荡，它就能发出声响。钟、磬一类的乐器本来也是无声的，但如果有人敲击它，就会发出声响。对于人的言论来说也是这样，内心充溢了无法遏止的情感就要发表言论，他的吟诵是有所思虑的，他的哀歌也是有所寄托的。凡是从嘴里发出而成为声音的，大概都是因为自身有"不平"的缘故吧！后来，这一典故被用为受到不公平的待遇就会为之鸣不平，发出不满和反抗的呼声。

打草惊蛇

唐朝段成式所撰的《酉阳杂俎》里，有这么一个故事。这个故事在五代王仁裕所撰的《开元天宝遗事》中也有记载：

唐朝有个县官，名叫王鲁。他做当涂令（当涂县，今属安徽省）的时候，贪赃枉法，搜刮了不少钱财。衙门里上上下下的官吏，也都暗地受贿，敲诈勒索，无恶不作。老百姓怨声载道。

一天，王鲁批阅案卷，发现他的"主簿"（秘书之类的属员）被人联名控告，说是营私舞弊，违法乱纪，一件件有证有据，揭发得清清楚楚。这些事情，其实也正是王鲁常干的，而且如果认真追究起来，又大部分都和王鲁有直接关系。因此，他一面仔细看着案卷，一面不免发慌，心想："这可不妙啊，以后我得多加小心才是。幸亏这件公事落在我手里!"看完，他就随手批了八个字："汝虽打草，我已蛇惊。"

王鲁这八个字的意思是说：你们虽然打的是草，可是我这条藏在草里的蛇，却已有所警惕了——这就是"打草惊蛇"原来的含义，即惩办某一人或某些人，而使同样情况的其他人受到震动。

可是后来这句成语，却逐渐变成了另一种意思，一般用来比喻做事不密、行动不慎，致使对方有所戒备。例如计划逮捕罪犯，而事先走漏了消息，或惊动了旁人，使罪犯有所察觉而有所准备闻风躲避了，这就叫作"打草惊蛇"。

罗织罪名

武则天朝，姚崇先担任夏官郎中，后来因为契丹扰河北，军事文书来往很多，姚崇都及时予以处理，"奏决若流"。武则天发现他是个贤才，提拔让他出任侍郎的官职。

有一次，武则天在宫中与左右大臣谈论，说："过去周兴、来俊臣在时，多次承办诏狱，朝臣互相揭发检举，也都认了罪。朕怕其中难免有人蒙受冤枉，又派近臣复查，可是呈上来的奏本都说没有冤情。所以，朕也无所疑虑，就恩准了奏本。自从周兴、来俊臣罪案败露正法之后，再也没有谋反的了。难道过去处以死罪的，竟没有一个是冤枉的吗?"众位大臣听毕，也都默然不作声色。

姚崇站出来奏道："自从陛下治理天下以来，凡被告之人，的确都自己供认有罪。可是，当时是以诬告为有功，天下人都称之为'罗织'，比汉代的钩党还要厉害。所以，尽管陛下派近臣去复审，无奈这些近臣也都自身难保，哪里敢对周兴、来俊臣这些酷吏稍有违抗的表示呢！况且那些被告如果不认罪，也无非是多受惨刑，自找苦吃。而今，多亏皇天有灵，使陛下察觉和处置了这些为非作歹之徒，朝廷又得到安宁。臣敢以一家百口性命担保，朝廷内外官员是没有人会谋反的。陛下再收到密告信可以不必追查，以后若有人发端谋反，我宁肯承担知情不举的罪名。”

武则天听完不禁龙颜大悦，说道：“以前宰相总是顺着朕意说话，让朕担了一个滥用刑罚的恶名声，今日听了侍郎这一番话，的确和朕想的一样。”武则天说罢，命内侍取来一千两银子，赏赐给姚崇。后人用“罗织罪名”来指捏造罪名，陷害无辜的人。

钱可通神

典出《幽闲鼓吹》：“唐张延尝判一大狱，召吏严缉。明旦见案上留小帖云：‘钱三万贯，乞不问此狱。’张怒掷之。明旦复帖云：‘十万贯。’遂止不问。子弟乘间侦之，张曰：‘钱十万，可通神矣，无不可回之事，吾惧祸及，不得不止。’”

唐时，地方官张延尝审理一桩重大案件，命令衙役严加搜捕，捉拿罪犯。第二天一早，他见自己的公案上放着一张小纸条，上面写道：“送上铜钱三万贯，请求不要过问此案。”张延尝看后勃然动怒，扔到了地下。过了一天，公案上又出现了一张纸条，写着一个惊人的数字：“十万贯。”张延尝便停止侦缉，搁置不问了。

他的门人瞅空悄悄问他原因，张延尝说：“钱上十万，便可买通神仙，没有什么不可挽回的事情，我害怕招致灾祸，不得不停止啊！”

后人用“钱可通神”的典故，说明在一定条件下金钱是万能的，一切都以金钱为转移，贪赃枉法，草菅人命，根本不考虑什么是非曲直。

请君入瓮

唐朝武则天执政时期，有两个残酷无比的大臣，一个名叫来俊臣，一个名叫周兴。他们设计了种种惨无人道的刑罚，枉杀了许多好人。周兴的外号叫做“牛头阿婆”，常常自夸逼供的办法巧妙，还说凡被告之人，审讯时没有一个不是自称冤枉的，处死之后，也就没事了。

关于来俊臣、周兴骇人听闻的暴行，《唐书》中有所记载，后来人们一直把他们作为“酷吏”的典型。但是，《资治通鉴·唐记》载有一则故事，叙述了周兴身受自己的酷刑，相当有趣，故事是这样的：

有人密告说周兴与人共同谋反。来俊臣奉命逮捕和审讯周兴。来俊臣想：周兴对于办案是内行，要他老实招供一定很不容易，总得想出个新办法来才好。这时，来俊臣和周兴正对坐饮酒，周兴还不知道他已被人告发的事。来俊臣用请教的口气问周兴：“囚犯们真是狡猾，种种刑具都用过了，还是不肯招供，不知老兄有什么新办法没有？”

周兴得意地说：“这个容易，我告诉你一个最妙的办法：用一只大瓮（即大坛子），四面架起炭火，烧到内外发烫，把囚犯放进瓮去……嘿，看他招不招供！”

来俊臣奸笑道：“哦，这办法的确不错！”马上叫人搬来一只大瓮，按照周兴所说，烧起炽烈的炭火来。不一会儿，大瓮就烧得极热。来俊臣于是把脸一翻，指着瓮对周兴道：“你图谋不轨，已被揭发，我奉密诏办你，请君入瓮！”

周兴吓得伏地求饶，当场认罪。

这就是成语“请君入瓮”的来历。自己布置圈套，想害别人，最后才发现原来害了自己，但是已经无法挽救，只好乖乖地自投罗网。这时用上“请君入瓮”这句幽默的成语，是再合适不过的了。

一网打尽

宋代魏泰《东轩笔录》卷四载：“刘待制元瑜既弹苏舜钦，而连坐者甚众，同时俊彦为之一空。刘见宰相曰：‘聊为相公一网打尽。’”苏舜钦，字子美，宋代大诗人，好古诗，反偶对，诗文很负盛名，一时名士多与之游。初以父任补“太庙斋郎”，后中进士，升任“大理评事”、“集贤校理”、“监进奏院”，后因蓄养声妓、结交文士等过被免职。实际上这是通过陷害苏舜钦而打击其岳父“同平章事”兼“枢密使”杜衍的一次阴谋。刘元瑜，当时被人认为是奸佞之臣。连坐，被株连判罪。俊彦，俊秀豪杰之士。相公，宰相。

这段话是说，“待制”刘元瑜既已弹劾了苏舜饮，受此案株连而被判罪的人不少，当时名士几乎都被抓捕治罪。刘元瑜在见到范仲淹时说：我替相公把他们统统“捞进”网里去了。

后来，苏舜钦流寓苏州，临水筑亭名“沧浪亭”，自号“沧浪翁”，整日攻书写字，诗歌风格豪放，大有长进，世人争相抄传，有《苏学士集》流传于世。《宋史》四四二卷《文苑传·苏舜钦》中的记载则与此有些出入。《宋史》说：“范仲淹荐其才，召试为集贤校理，监进奏院。舜钦娶宰相杜衍女。衍时与仲淹、富弼在政府，多引用一时闻人，欲更张庶事。御史中丞王拱辰等不便其所为。会进奏院祠神，舜钦与右班殿直刘巽，辄用鬻故纸公钱召妓乐，间夕会宾客。拱辰廉得之，讽其属鱼周询等劾奏，因欲摇动衍。事下开封府劾治，于是，舜钦与巽俱坐。”这段引文说，苏舜钦是因用卖烂纸的钱祠神、请妓乐而被撤职的，弹劾者是王拱辰，而不是刘元瑜。录此，仅供参考。

后用“一网打尽”一语，表示全部捕获、彻底肃清犯罪分子的意思。

明正典刑

见宋代吕颐浩《辞免赴召乞纳节致仕札子》："如是托疾，自当明正典刑；如委实抱病，伏望天慈，放臣闲退。"典，法典；刑，刑律。吕颐浩，字元直，北宋徽宗赵佶时任河北都转运使；南宋高宗赵构时升任同中书门下平章事，即宰相，死后封"秦国公"。他曾两度出任宰相，功大过小。曾乞养老，皇帝不准。这是他辞呈中的一句话："如果皇帝认为我是假托有疾，应当受到法律制裁；如果我确实有病，望皇帝开恩，放我退职回家养老。后用"明正典刑"一语，比喻依照法律公开处理的意思。

先斩后奏

元代剧作家关汉卿（号已斋）在晚年写了一部著名的戏——《窦娥冤》，剧情梗概是：善良的贫家女子窦娥三岁丧母，她的父亲窦天章是个穷书生，为了还债和换取上京赶考的路费，把女儿送到蔡婆婆家里去做童养媳。十年以后，她的丈夫不幸早逝，窦娥和蔡婆婆两人相依为命地过着守寡的日子。地痞张驴儿和他的父亲垂涎欲滴地窥伺着这两个寡妇。张驴儿想毒死蔡婆婆，不想却毒死了自己的父亲。他转而诬陷窦娥，逼迫她顺从。官府断案不明，结果错斩了窦娥。后来，窦娥的父亲窦天章当上了大官，奉旨访察民情，惩处贪官污吏，回到阔别十六年的家乡，终于替女儿昭雪了冤案。

窦天章是朝廷命官，受皇帝信任。戏中窦天章有这样一段独白：

"只因老夫我为官廉洁清正，禀性坚强、刚直，皇上怜爱我，叫我担任两淮堤刑肃政廉访使的职务，四处审讯囚犯，查阅案卷，赐给我象征权势的宝剑和金牌，让我监察贪官污吏，并准许我先斩后奏。"

“先斩后奏”就是从这个故事来的。它的本意是，官吏先处决罪犯，然后再上奏皇帝。后来，人们多用它比喻先采取果断的行动，然后再向上级报告。也可以来泛指事前不报告，使上级承认既成的事实。

主要参考书目

《掌故大辞典》，团结出版社，1990 年版。

《中华典故》，中国言实出版社，2002 年版。

范之麟主编《全唐诗典故辞典》，湖北辞书出版社，2001 年版。

范之麟主编《全宋词典故辞典》，湖北辞书出版社，2001 年版。

吕薇芬主编《全元曲典故辞典》，湖北辞书出版社，2001 年版。

王辉编《典故故事》，吉林摄影出版社，2003 年版。

袁林等编《成语典故》，辽宁人民出版社，1981 年版。

田晓娜主编《中国成语典故》，吉林摄影出版社，2002 年版。

成戎 浩天编著《中国成语典故考释》，山西人民出版社，1997 年版。

（汉）司马迁著《史记》，线装书局，2006 年版。

（唐）吴兢著《贞观政要》，吉林摄影出版社，2003 年版。

（宋）宋慈著《洗冤集录》，福建科学技术出版社，2005 年版。

（宋）郑克著《折狱龟鉴》，警官教育出版社，1994 年版。

（宋）桂万荣编撰《棠阴比事》，群众出版社，1980 年版。

（明）余继登撰《典故记闻》，中华书局，1981 年版。

（清）祝庆祺等编《刑案汇览》，北京古籍出版社，2004 年版。

《名公书判清明集》，中华书局，1987 年版。

上海社会科学院法学所编《宋史刑法志注释》，群众出版社，1982 年版。

张德信著《明朝典制》，吉林文史出版社，1996 年版。

沈家本著《历代刑法考》，中国检查出版社，2003 年版。

杨玉奎著《古代刑具史话》，百花文艺出版社，2004 年版。

高华平著《王霸与法术——法家的人生智慧》，武汉出版社，1998 年版。

李克非等编著《中国古代公正执法真人真事集》，中国政法大学出版社，2002 年版。

梁治平著《法意与人情》，中国法制出版社，2004 年版。

未了 文菡编著《明清法官断案实录》，光明日报出版社，1999 年版。

北京大学法律系编《中国古代案例选》，山西人民出版社，1981 年版。

《中国古代办案百例》，中国社会科学出版社，1980 年版。

朱寄云等著《中国古代执法断案史话》，吉林人民出版社，1982 年版。

许晓麓著《古代奇案侦破故事》，湖北人民出版社，1980 年版。

许晓麓编著《古案例选评》，武汉大学出版社，1985 年版。

刘歧山编《古代法案选编》，北京出版社，1981 年版。

李汝涛著《中国历代司法史话》，中国盲文出版社，2005 年版。

郭建著《五刑六典——刑罚与法制》，长春出版社，2004 年版。

后记
Hou ji

终于可以给这本小册子画上句号了。掐指一算，这本小小的册子前前后后、断断续续用去了我七年的时光。从二零零一年起，我就着手本书的写作，想不到任何事都要拖点泥、带点水，本书也是一样。中间虽有搁置，但并未束之高阁，就这样，七年下来走走停停，如今才算有了交代。

远希宋儒，相信凡事都有个“理”在，我写这本册子，也要有个理在。对于我个人而言，细思之，收益有三：

上者，七年来迫使我读了许多法律、历史书籍，可以稍加“明理”，即粗浅地分辨事物的对错是非；

中者，学到了许多新知识，为我勉强在宁夏社科院法学所谋生积攒资本；

下者，能够变“日长如小年”。

若得以上三种，甚善也。

又到了以道谢为尾声的时候。心里想起的第一人就是余振贵老师，他的睿智给我的启迪很大。还有我的良师益友马广德兄，广德兄知我撰法律典故，几年来，无论是进书店还是逛书摊，凡见有关书籍总是帮我一网打尽。最后，九州出版社的周红斌老师为本书的问世多有操劳，所以更应该感谢她。

姜　歆

2008年6月于西塔寓所